Lisboa

個人旅行主張

有人在旅行中享受人生，
有人在進修中順便旅行。
有人隻身前往去認識更多的朋友，
有人跟團出國然後脫隊尋找個人的路線。
有人堅持不重複去玩過的地點，
有人每次出國都去同一個地方。
有人出發前計畫周詳，
有人是去了再說。
這就是面貌多樣的個人旅行。

不論你的選擇是什麼，
一本豐富而實用的旅遊隨身書，
可以讓你的夢想實現，
讓你的度假或出走留下飽滿的回憶。

有行動力的旅行，從太雅出版社開始。

個人旅行 *115*

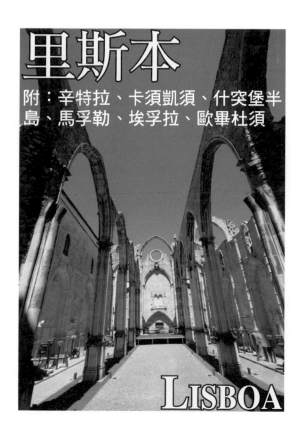

里斯本

附：辛特拉、卡須凱須、什突堡半島、馬孚勒、埃孚拉、歐畢杜須

LISBOA

作者◎黃詩雯Sharon

太雅出版社

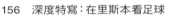
(圖片提供／Museu Sporting)

作 者 序

　　在定居葡萄牙前，我就曾和在里斯本出生長大的另一半拜訪過葡萄牙十多次，除了探親訪友外，他也帶著我從南到北、從海岸到內陸，在不同的季節，熟悉他成長的國度、親近葡萄牙各地的風土文化，當時我就已漸漸愛上這個充滿人情味的古老國家。

　　葡萄牙，一個不過約台灣2.5倍大的國家，蘊育著歐陸數一數二悠久的歷史，在大航海時代葡萄牙人帶給世界的衝擊，及各種有形無形的文化遺產，至今仍在世界不同地方持續影響著人們的生活。葡萄牙，曾在16世紀遠征東亞，替台灣留下「福爾摩沙」這個美麗名字的遙遠國度，或許她早就在持續招喚著我們有朝一日去一探究竟呢。

　　葡萄牙，對我來說，亦是另一半的心裡最終要回歸的家鄉。我們自決定要定居在里斯本以來，我將學習葡語視為第一要務，漸漸熟悉語言後，已能涉獵第一手最完整的葡萄牙相關資訊，我除了以一個台灣移民的角度出發，更可以透過葡人親友得到進一步的當地文化，我在融入葡萄牙生活與學習其歷史文化的過程中，希望能與更多人分享我的心得。本書除了是一本旅遊工具書，有經典、新興與私房景點外，更有一大部分著眼在介紹與體驗葡國的飲食文化，我也儘量以生動的方式將葡萄牙的各種風情帶入內容，並希望讀者因葡萄牙之旅而得到一些生活的啟發，對更多主題產生興趣，進而自行去發掘更多葡萄牙的美。

　　葡萄牙，一個在近代曾被遺忘的歐陸小國，帶著些許滄桑的美，真的不只是個值得終生至少來一次的地點，更是個能深度慢遊多次的國家，就讓我們從首都里斯本開始吧！

關於作者｜黃詩雯Sharon

　　台灣大學化學工程碩士，曾是跨國企業的工程師與產品經理，長年在國外工作生活，意外成為5國語的多語通。雖是百分百理科人，但同時熱愛美食、旅遊與研究歷史文化。持有巴黎藍帶甜點證書及法國CAP甜點師執照，旅行過近40個國家，目前和家人定居在葡萄牙里斯本。

　　關心社會，重視自由與人權的價值，希望能藉著文字，帶給人生活的靈感與嘗試新事物的勇氣，本著「人生就是體驗，也是一趟找尋生命意義的旅程」之心生活。
FB粉絲頁：「Bom Dia葡萄牙不只有蛋塔」、「烤個法式Chemisty」
IG：sharon_in_portugal

來自編輯室

使用上要注意的事

出發前，請記得利用書上提供的Data再一次確認

　　每一個城市都是有生命的，會隨著時間不斷成長，「改變」於是成為不可避免的常態，雖然本書的作者與編輯已經盡力，讓書中呈現最新最完整的資訊，但是，我們仍要提醒本書的讀者，必要的時候，請多利用書中的網址與電話，再次確認相關訊息。

資訊不代表對服務品質的背書

　　本書作者所提供的飯店、餐廳、商店等等資訊，是作者個人經歷或採訪獲得的資訊，本書作者盡力介紹有特色與價值的旅遊資訊，但是過去有讀者因為店家或機構服務態度不佳，而產生對作者的誤解。敝社申明，「服務」是一種「人為」，作者無法為所有服務生或任何機構的職員背書他們的品行，甚或是費用與服務內容也會隨時間調動，所以，因時因地因人，可能會與作者的體會不同，這也是旅行的特質。

新版與舊版

　　太雅旅遊書中銷售穩定的書籍，會不斷再版，並利用再版時做修訂。通常修訂時，還會新增餐廳、店家，重新製作專題，所以舊版的經典之作，可能會縮小版面，或是僅以情報簡短附錄。不論我們作何改變，一定考量讀者的利益。

票價震盪現象

　　越受歡迎的觀光城市，參觀門票和交通票券的價格，越容易調漲，但是調幅不大(例如倫敦)，若到現場後出現跟書中的價格有微小差距，請以平常心接受。

謝謝眾多讀者的來信

　　過去太雅旅遊書，透過非常多讀者的來信，得知更多的資訊，甚至幫忙修訂，非常感謝你們幫忙的熱心與愛好旅遊的熱情。歡迎讀者將你所知道的變動後訊息，善用我們提供的「線上回函」或是直接寫信來taiya@morningstar.com.tw，讓華文旅遊者在世界各地成為彼此的幫助。

太雅旅行作家俱樂部

如何使用本書

本書精采單元：風情掠影、分區導覽、熱門景點、逛街購物、美食餐廳、住宿情報、周邊旅行、旅遊黃頁簿，以及深度特寫、玩家交流、知識交流站等報導。多元的資訊，兼具廣度與深度，一網打盡個人旅行所需。

【風情掠影】

以深入淺出的筆觸，為讀者介紹里斯本的過去、現在與特色，包括歷史背景、地理環境、風土民情、重要慶典、飲食文化、傳統與現代藝術、專屬伴手禮推薦等面向，讓你能開啟認識這個城市的序幕。

【行程規畫】

以里斯本市區精華3日遊為中心，針對不同時段做行程推薦，並視讀者停留時間，彈性搭配周邊區域1或2日遊。

【熱門景點】

定居於里斯本的作者，親身推薦里斯本的旅遊景點，除了到此一遊一定要體驗的升降機，還有里斯本最多的景點：教堂、皇宮、廣場、博物館、觀景台等類別多有推薦必遊景點，更針對各自的特色做介紹，並附上清楚的交通資訊和指引、開放時間、價格、注意事項等豐富的資訊，讓讀者清楚知道怎麼去、怎麼玩。

【逛街購物】

不僅有介紹知名的購物中心，還有因為作者從生活經驗得知的特色小店，像是蠟燭專賣店、磁磚店、罐頭店、帽子店、縫紉用品店、手套名店、羊毛製品店、嬉皮風主題店、無花果市集……許多是當地人好幾個世代的最愛，讓讀者從購物中體驗到最在地的葡式生活。

【美食餐廳】

分區介紹當地的餐廳，除了有最道地的葡式料理、傳統美食、異國風味、法朵餐廳、平價餐廳，還有經典糕點店、咖啡店，以及當地人生活不可少的櫻桃酒酒吧……讓里斯本之行也是味覺最美的饗宴。

【住宿情報】

推薦的住宿內容雖不多，但皆為作者評選過，多是品質優良的公寓酒店、星級旅館，或歷史建築、城堡旅館等，為非常具特色的住宿選擇。

【深度特寫鏡頭】

在分區景點當中，作者會針對值得深入介紹的事物再做延伸報導，讓讀者不只到此一遊，還能知道重要的歷史、典故，或是隱藏版的驚喜。

【知識充電站】

旅行中必知的小常識或延伸閱讀。

【旅行小抄】

為讀者設身處地設想，提供實用小提示；或額外延伸的順遊推薦。

【玩家交流】

作者個人經驗分享，提醒讀者要留意旅遊中的細節、或是像建築物獨特的美感等等。

【周邊旅遊】

本書提供近里斯本區的周邊兩大城市：埃孚拉(文化遺產中的古城)、歐畢杜須(以文學小鎮之名加入UNESCO創意城市網絡)，不僅來往里斯本交通非常便利，當地的特別節慶亦很有看頭，可增添旅程的豐富性。

【旅遊黃頁簿】

出發前勤做功課，是個人旅行的不二法門。本書企劃行前準備、機場與交通、消費與購物、日常生活資訊等遊客行程所需，讓行程規畫得更為完整，有效提升行前規畫的準確度。

【分區地圖】

每個分區都有附詳細的地圖提供讀者索引，羅列書中景點、購物商店、餐廳、住宿、的地鐵站等位置，只要按圖索驥便能輕鬆找到目的地。

【資訊使用圖例】

- ✉ 地址
- ☎ 電話
- 🕐 時間
- 休 休息
- $ 價錢
- ➡ 交通指引
- ⧗ 停留時間

- ⁉ 注意事項
- ℹ 資訊
- MAP 地圖位置
- http 網址
- @ Email
- f FB

【地圖使用圖例】

- 📷 旅遊景點
- 🏛 博物館、美術館
- ⛪ 教堂
- 🏯 寺廟
- ◎ 世界遺產
- 🛍 購物
- 🍴 餐廳
- ☕ 咖啡廳
- 🍸 酒吧、夜店
- 🛏 住宿
- 🎭 娛樂、劇院

- ✈ 機場
- Ⓜ 電車站、地鐵站
- 🚌 巴士、巴士站
- 🚆 火車站
- ⛴ 渡輪、碼頭
- 🚡 纜車
- 🚕 計程車
- 🚲 自行車
- ♨ 溫泉
- 👣 按摩、SPA
- 🚶 步道
- 🔥 露營區
- 🏊 泳池、海灘

- 🏢 地標
- ➕ 醫院
- 🅿 停車場
- ⛽ 加油站
- 🚻 廁所
- 🛗 電梯
- 🔀 電扶梯
- ↗ 樓梯
- 🎒 寄物處
- ♿ 無障礙設施
- 💱 匯兌處
- ℹ 遊客中心
- ✉ 郵局

里 斯 本
風情掠影

伊比利半島的
美麗與哀愁

1

從考古上發現得知，伊比利半島上最早的訪客應是腓尼基人，而在西元前3世紀羅馬帝國開始征服伊比利半島，在其統治下，葡萄牙在建築、語言、法律、宗教等層面，都深受羅馬的影響，當時稱原住民為「盧濟塔努」(Lusitanos)，也是今日葡萄牙人的別稱。直到西元5世紀西羅馬帝國衰亡，日耳曼民族入侵，伊比利半島接著在西哥德王國(Reino Visigótico)的統治下進入中世紀。

3

2

葡萄牙的起源

到了西元711年，北非的摩爾人攻入伊比利半島，西哥德王國滅亡，也開始了摩爾人的統治時代。然而此時，伊比利半島的基督教徒以北部為據點，往南收復失地。在中世紀時葡萄牙領地原屬伊比利半島上雷昂王國的一部分，在現今杜羅河(Rio

Douro)與米紐河(Rio Minho)之間，在1143年阿方索一世(Afonso I)與雷昂王國達成協議將葡萄牙領地從中獨立出來，為葡萄牙阿方索王朝的起始。

國王阿方索藉著基督教聖戰騎士團的幫助，節節將當時還在伊比利半島中南部的摩爾人擊退，1147年攻下里斯本，設為首都。葡萄牙國王阿方索一世，也終於在1179年的5月23日，得到當時教皇的承認，葡萄牙正式建國。1189年基督徒也收復了伊比利半島南部阿爾加維(Algarve)，自1297年葡萄牙和西班牙簽訂條約後，葡萄牙的領土至今改變甚小，為歐陸最古老的國家之一。

航海時代

1415年葡萄牙占領了北非休達(Ceuta)，開啟了歐洲航海時代，恩里克王子(Infante D. Henrique)更是葡萄牙航海歷史上最重要的推手，從發現葡萄牙西岸的離島，再前進西非，持續沿著非洲西岸南下，其間

4

1.里斯本的「4月25日大橋」(Ponte 25 de Abril)，是將原以獨裁者命名的薩拉查大橋改名為革命成功日的紀念橋(圖片提供／Câmara Municipal de Lisboa)／2~3.里斯本的羅馬時代遺跡，現為里斯本博物館(Museu de Lisboa)之一部分的羅馬劇場(Teatro Romano)／4.里斯本聖喬治城堡的阿方索國王像／5.埃孚拉(Évora)的羅馬神殿(Templo Romano)

4

不斷改良帆船並調整航路，終於在1498年國王曼奴埃爾一世(D. Manuel I)在位期間，達‧迦馬船長(Vasco da Gama)成功抵達了印度，葡萄牙在16世紀亦占領了印度果阿邦與馬來西亞的麻六甲，葡萄牙從海路控制著東方香料珍品進入歐洲，而里斯本更成為歐洲財富的門戶，東西方交流可說是盛極一時。16世紀中後的葡萄牙持續向東方推進，至澳門、經過台灣，再至日本長崎等地。

而往西方，1492年西班牙艦隊的哥倫布船長發現新大陸帶來極大的衝擊，當時的兩大航海強權葡萄牙和西班牙為能「和平瓜分新世界」，在教皇見證下於1494年簽訂了托爾德西里亞斯條約(Tratado de Tordesilhas)，劃下教皇子午線，使得葡萄牙在1500年卡布拉爾船長(Pedro Álvares Cabral)發現巴西後得以合法化其擁有權。自巴西成為葡萄牙殖民地以來，為葡萄牙帶來大量的財富。

帝國的沒落

在1580年發生的王位危機，造成葡萄牙與西班牙統一成為伊比利聯盟(União ibérica)，當時聯盟承諾讓葡萄牙享有自治權，可謂當時伊比利半島的「一國兩制」。然而第三位國王菲利浦三世即位時，政策上出現大轉彎，葡萄牙貴族開始失權，對國王繳納的稅賦大增，以用來支應西班牙因戰爭的財政赤字，葡萄牙的國力也因此持續下降。終於在1640年，當時與法國交戰的西班牙，又發生國內加泰隆尼亞王國

DOM VASCO DA GAMA
1469-1524
DESCOBRIDOR E ALMIRANTE DO MAR DA INDIA
E CONDE DA VIDIGUEIRA
VICE-REI DA INDIA

①

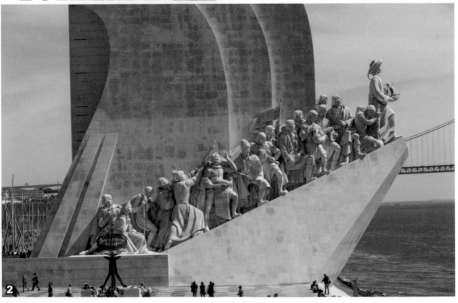

②

的叛變，葡萄牙皇室趁機稱王，為國王久旺四世(D. João IV)，終於結束60年西班牙的統治。然而許多海外殖民地在這數十年間已落入其他強權之手，葡萄牙也漸從航海時代的舞台退下。

19世紀初拿破崙入侵葡萄牙，葡國皇室流亡至巴西，葡萄牙本土可謂民不聊生。而在1820年發起的自由革命，要求偏安於巴西的葡萄牙皇室回國，且必須立憲增加人民的政治參與，宗教勢力因此大減。1822年葡萄牙正式通過憲法，成為君主立憲的國家。而巴西，也在此契機之下幾無流血地獨立了，更成為今日為葡萄牙重要的盟友。

1908年國王卡魯許一世(D. Carlos I)在今日里斯本的商業廣場被暗殺身亡後，葡萄牙帝國幾乎宣告死亡，在1910年10月5日

的革命，以軍事政權成立了葡萄牙的第一共和國。

邁入共和後

第一共和國在不穩定的環境下執政直至1926年的政變後，葡萄牙進入獨裁時代，1933年以首相薩拉查(Salazar)主導成立「新政府」，在其保守專制統治下，人民沒有言論自由、沒有選舉權，更以其祕密警察控制人民而惡名昭彰。也因新政府時代的鎖國，造成國家技術落後，國民教育低落，經濟沒有競爭力，再加上十多年的海外殖民地獨立戰爭，持續消耗國力與軍心，普遍的貧窮更讓大量葡萄牙人逃到海外謀生。

60年代開始就已陸續有不成功的軍事叛變，人民受夠了長期經濟蕭條與重稅，最後一根稻草則是1973年的石油短缺造成的民生困境。在1974年的4月25日，MFA武裝組織在黎明時占領了葡萄牙廣播電台，透過收音機向全國宣告，他們要成立一個新的政府，一個有選舉、有自由的民主政府！收音機一邊放著革命軍歌「Grândola Vila Morena」，軍隊和坦克車進入里斯本，平民百姓的呼應，使得原本的軍事叛變成為了真正的人民革命。當時有家花店發放康乃馨，軍人們也將康乃馨插在他們的槍口及坦克大炮上，一場革命就這樣成了康乃馨的遊行。首相在當天就將政權交出，葡萄牙完成了一場史無前例的無流血民主革命，成為現今的葡萄牙共和國。

....
1.位於葡萄牙錫尼許(Sines)的達‧迦馬船長紀念像(圖片提供／Município de Sines)／**2.**貝倫區大航海紀念碑為首的即是恩里克王子(圖片提供／©Luis Pavão)／**3~4.**康乃馨革命紀念日，在首相官邸(Palacete de São Bento)舉行的紀念活動

歐洲的 陽光之都

1

里斯本為葡萄牙首都，面積為100平方公里，人口有50萬，溫和的地中海型氣候，每年的晴天時數是歐洲第一，因而被稱做為歐洲的「陽光之都」。5～9月為里斯本旅遊旺季，氣溫稍高但降雨少，臨海優勢讓早晚溫差不至於過大，加上悠久的歷史文化與舊城的迷人風采，讓里斯本永遠都在全球最佳旅遊城市中名列前茅。

里斯本西臨著大西洋，位於特茹河(Rio Tejo)的北岸，地形高低起伏，被稱作「七座山丘之城」(A Cidade de Sete Colinas)。葡萄牙語是其國語，相較其他拉丁國家(法國、西班牙、義大利等)，葡萄牙年輕人的英語普及程度相當高，大多數的標示也同

時會有英文，國際旅客通常不會感到太多不方便之處。

在15、16世紀，大航海時代的里斯本曾是歐洲的門戶，充滿著各地來的商人、旅客，各有著不同膚色、說著不同語言、帶來不同的文化，由東方帶回來的香料與珍品更曾

2

里斯本平均氣溫與降雨量

資料來源：IPMA

溫度(℃)

— 月平均溫度(℃)
▢ 月平均雨量(mm)

月分	1月	2月	3月	4月	5月	6月	7月	8月	9月	10月	11月	12月
月平均雨量(mm)	100	87	78	67	40	15	4	6	22	81	105	120
月平均溫度(℃)	13	14	16	17	20	24	28	29	26	20	16	14

為里斯本帶來大量財富。17世紀時，葡萄牙在海權上節節敗退，國力衰落之際又遇上西班牙的60年統治，里斯本光輝不再。

在1755年的里斯本大地震，寫下里斯本歷史上最黑暗的一頁，整座城市幾乎全毀，憑著當時龐巴爾侯爵(Marquês de Pombal)及歐洲各國的大力幫助之下，里斯本重新站起來了，我們今日看到的即是他們堅毅之下脫胎換骨的美麗。

包含里斯本在內的里斯本都會區(亦稱大里斯本Metropolitano de Lisboa)，生產總值占了葡萄牙GDP約36%，接近30%的活動為包含觀光業(餐飲住宿、交通、零售等)的商業活動。而在平日會有70%的人口從里斯本外的都會區通勤至里斯本上班上學。

1998年在里斯本舉辦的世界博覽會Expo98，適逢發現東方航路500週年慶，以海洋為主題，風光迎來全世界的目光，可說是將里斯本推向更現代化的一大步，除了新建造了東方火車站(Gare do Oriente)、西歐最長的瓦斯科·達·伽馬大橋(Ponte Vasco da Gama)，以及至今仍是歐洲第二大的里斯本海洋館(Oceanário de Lisboa)之外，原有的重工業區則被重新打造，規畫設計成今日里斯本市民的最佳休閒區。

葡萄牙小檔案

■官方名稱：葡萄牙共和國，葡萄牙文稱República Portuguesa
■首都：里斯本
■面積：92,212平方公里
■人口數：至2019年統計為1,027萬人
■語言：官方語言為葡萄牙語，認可的地方語言為米蘭德莎語(Língua mirandesa)
■貨幣：歐元

葡萄牙分區地圖

馬德拉群島自治區
Região Autónoma da Madeira
Funchal

亞速群島自治區
Região Autónoma dos Açores
Ponta Delgada

Viana do Castelo
Faro
Porto
北部地區
Região do Norte
Aveiro
Coimbra
中部地區
Região do Centro
Óbidos
Lisbon
大里斯本及里斯本都會區
Área Metropolitana de Lisboa
Évora
阿連特茹區
Região do Alentejo
Beja
阿爾加維區
Região do Algarve
Faro
西班牙
大西洋

1.里斯本得天獨厚的藍天與河景／2.位在七座山丘之一的聖喬治城堡(Castelo de São Jorge)／3.曾在里斯本大地震中全毀的里斯本舊城，重建後的今日風光(以上圖片提供／Câmara Municipal de Lisboa)／4.萬博公園的河濱是市民喜愛的休閒區

勤奮熱情的
葡式生活

葡萄牙人的個性相對其他歐洲國家內斂溫和，有超過8成的天主教徒，儘管只有不到兩成會定期至教堂參加彌撒，天主教信仰仍主導了很大一部分的社會活動，不少節日與各地慶典都與信仰習習相關。1974年以降政教分離，許多宗教儀式漸漸演變成習俗，自然地與葡人的生活融為一體。

有別於一般人對南歐國家的刻板印象，葡萄牙人工作努力，以長工時在歐洲國家中著稱，然而葡人也相當享受家庭生活與美食，經常會和家人及朋友外出用餐，加上合理的餐廳價位，外食的頻率可是歐洲國家中的前幾名。

海灘永遠是葡萄牙人放鬆的首選之地，春末夏初每個週末下午在城市的近郊海灘就會開始充滿著葡人家庭與朋友的海灘出遊，會一直持續到10月底。陽光、藍天、沙灘和海浪聲自古就撫慰著代代葡萄牙人，也會一直這樣持續下去吧。在7、8月葡萄牙人與歐洲人度假的高峰，南部阿爾加維區更是一房難求。

⑤

自19世紀末，葡萄牙從英國帶回足球運動後，足球一直是最盛行的運動，國家隊表現雖時好時壞，但總是會在全球排名前10，每個葡人都會有一支在葡萄牙足球超級聯賽(Primeira Liga)中喜愛的球隊，而里斯本人更可說是非班菲卡球隊(SL Benfica)即體育CP球隊(Sporting CP)呢，無論是到球場、酒吧或是在家觀看球賽，討論球賽也是葡人最有生活中很重要的一部分，可以引起大部分葡人最有興趣的話題，也許就是足球了吧！

葡萄牙人崇尚和平與平等，看似保守的國家，卻是全世界對同性戀最友善的地方，在這裡每個人都可以做自己，葡萄牙人尊重他人的不同，不強加好惡，亦不好對立，如同他們的個性，溫和但愛好自由，熱情但不輕易表達。葡萄牙人無論在國內或國外，都努力讓自己適應社會，儘管「愛抱怨」可能是國民最主要的休閒活動，但他們最終是生活知足與愛家愛國的善良民族。

⑥

⑦

1.許多宗教儀式轉變為習俗，如5月的聖安東尼(Santo António)伴同健康聖母出巡(Procissão de Nossa Senhora da Saúde)(圖片提供／Câmara Municipal de Lisboa)／2.足球是19世紀末以來的國球(圖片提供／Museu Benfica)／3~4.位於Alvalade的聖誕市集／5~6.陽光海灘是葡人的活力來源／7.美食、慶典和音樂是葡萄牙人生活中不可或缺的三件事

1

Festas de Lisboa
里斯本城市慶典

里斯本慶典也稱為聖安東尼慶典(Festas de Santo António)，在每年的6月，里斯本整個城市都在狂歡，音樂會、遊行、電影等活動很多，最令大家期待的是一整個月從晚到凌晨的慶典攤位，持續不斷的音樂，伴著烤沙丁魚的味道整個6月都會持續飄在里斯本的舊城區。除了烤沙丁魚(sardinha grelhada)，綠甘藍菜湯(caldo verde)、烤豬肉片(febras)也是非常受歡迎的小食，更不能忘了來杯冰涼涼的啤酒。

在城市聖人聖安東尼日(6月13日)的

3

前一日，在里斯本主教堂(Sé de Lisboa)會有聖安東尼婚禮(Casamentos de Santo António)，在自由大道會有大遊行(Marchas Populares)，整個城市就是不夜城，在舊城區會通宵吃喝跳舞到天亮，就如同在羅馬時代一樣。而聖安東尼日當天，也會有里斯本最大規模的聖人出巡，下午5點從聖安東尼教堂(Igreja de Santo António)出發，出巡阿爾發瑪區(Alfama)，沿路都會是滿滿想要親近聖安東尼的人潮。

2

參加慶典注意事項　　　玩家交流

　　若是剛好能參加6月的里斯本慶典，並計畫到慶典攤位用餐的話。筆者有幾點建議提供給讀者。

1. **早點到**：建議可在7點前進到攤位區，通常比較能有座位
2. **帶足夠小額現金及零錢**：通常不能刷卡，有時可直接付現，有時需要到定點先購買餐券
3. **不要太挑剔食物飲料的品質**：特別是燒烤類食物，品質可能參差不齊
4. **舒適的包鞋**：特別在人潮較擁擠的熱門慶典區(Santa Maria Maior、São Vicente等)，穿著包鞋比較不會受傷，或被食物飲料弄髒
5. **注意人身及隨身物品安全**：隨身只攜帶所需少量現金
6. **不要等到最後一刻才去上廁所**：通常慶典區沒有固定的公共廁所，市政府會提供數量很少的流動廁所，若遇到人潮較多時，稍有小解的感覺最好還是要早點排隊

④

⑤

1. 聖安東尼日前夕的大遊行(圖片提供／Câmara Municipal de Lisboa)／**2.** 類似夜市的活動在里斯本各個城區都有，附近居民會和鄰里朋友相約一起同歡／**3.** 現烤沙丁魚總是供不應求／**4.** 聖安東尼日在里斯本主教堂前的婚禮(圖片提供／Câmara Municipal de Lisboa)／**5.** 在太陽門觀景台(Miradouro das Portas do Sol)邊的聖文森雕像

知識充電站
真正的里斯本城市聖人

　　里斯本的城市聖人到底是聖文森(São Vicente)還是聖安東尼(Santo António)？

　　里斯本官方的城市聖人其實是聖文森喔！但若真的去問里斯本人「誰是里斯本聖人？」10個有8個會說是聖安東尼，這又是為什麼呢？

　　聖安東尼是12世紀末出生在里斯本的聖人，和聖文森相比，聖安東尼有完全的在地優勢，據說他的聰明才識吸引了大量信徒，他的佈道總是因為人太多而得到戶外進行。相較之下聖文森，則是遠在3世紀時出生在西班牙的人，是葡萄牙第一任國王阿方索(D. Afonso Henriques)在攻下里斯本前向祂許願，在1147年攻下里斯本後，由於南部阿爾加維當時還是在摩爾人統治中，在1173年才偷偷將聖文森的遺體用船運到里斯本而成為城市的聖人，傳說途中有兩隻烏鴉一直不離不棄守護著整段航程，這也正是里斯本市徽上船和兩隻烏鴉的由來。

　　其實並不難理解，聖文森其實是西班牙人啊！西班牙聖人跟里斯本的在地聖人，里斯本人自然大多會選後者！也就是這樣，里斯本最重要的慶典跟城市節，才會在聖安東尼日所在的6月。

Natal e Passagem de Ano
聖誕節及新年

12月24日晚上是葡萄牙最重要的節日，和家人離得再怎麼遠，聖誕夜總要一起團聚度過，和華人農曆新年過節的傳統一樣。傳統葡萄牙人在聖誕夜會和家人一起吃鱈魚乾(Bacalhau)為主的料理，配上馬鈴薯、水煮蛋和甘藍菜的樸實家常料理「Bacalhau da Consoada」，接著再和家人一起去子夜的公雞彌撒(Missa do Galo，據說會有「公雞」大聲啼叫慶祝耶穌的誕生，因而得名)。

新年除了和家人也常會和朋友一起慶祝，在新年倒數前有個有趣的習俗，葡萄牙人會準備12顆葡萄(或葡萄乾)，在正式跨過新年後隨著12個鐘聲，吃下這12顆葡萄，新的一年就會得到好運。真要嘗試的人，可要小心不要噎到喔！

里斯本從聖誕節延續至新年1月間會化身為美麗的光影城市，主要廣場跟街道都會點上裝飾燈慶祝聖誕節，更有許多有趣的聖誕市集、燈光秀和音樂會等。這時候的里斯本有著濃濃的過節氣息，雖然

是略冷的冬天，但仍非常適合在這時候體驗里斯本風情。

1.復國者廣場(Praça do restauradores)／2.里斯本下城區(Baixa)的街道／3.商業廣場(Praça do comércio)(以上圖片提供／Câmara Municipal de Lisboa)

Dia de Reis
主顯節

歲末年初在葡萄牙最能代表聖誕節跟新年的節慶甜點，就是到處都買得到的國王蛋糕(Bolo Rei)。這個蛋糕的典故和耶穌出生後發生的故事有關：據說東方三國王(或譯東方三賢、東方三哲)在1月6日主顯日，也就是耶穌受洗及第一次見外來人的日子，帶著黃金(o ouro)、沒藥(a mirra)和乳香(o incenso)三樣禮物送給初生的耶穌。國王蛋糕外表的金黃脆皮就代表「黃金」，堅果和水果乾代表「沒藥」、蛋糕的香氣則代表了「乳香」。

以往在國王蛋糕內會放1顆乾蠶豆(fava)，吃到豆子的人在來年要買國王蛋糕請大家吃。

除了蠶豆外，葡萄牙版的國王蛋糕內也常會有一個小小的金屬物，可以是任何有趣的形狀，就送給吃到的人當作禮物，象徵好運。但因為這個傳統有安全上的考

量，特別是在2011年葡萄牙新的食品安全法條通過後，已沒有不可食用的小東西混在國王蛋糕裡，大家可以安心大口享用。

葡萄牙國王蛋糕的起源其實是法國，在17世紀由當時的法國國王路易十四開始廣泛普及的傳統。葡萄牙第一個賣國王蛋糕的麵包店，是在里斯本的Confeitaria Nacional，是當時店主的兒子在法國修業取經後，於1869年開始生產販賣從法國巴黎帶回葡萄牙的配方，大受好評後，從此葡萄牙各地麵包店開始模仿，國王蛋糕變成聖誕節和新年非常重要的節慶甜點。

在葡萄牙除了國王蛋糕之外，還會看到皇后蛋糕(Bolo Rainha)，其實皇后蛋糕就只是糕點店為了不喜歡糖漬水果乾的人所做的只有堅果版的國王蛋糕。國王蛋糕吃起來的感覺很像厚重版的法式布里歐須(Brioche)，屬於很古早味那種不太發的麵包，糖、蛋、奶油都下得多，再加上堅果與水果乾，吃一塊就會很飽喔！

1.國王蛋糕上面會有鮮艷的糖漬果乾／2.皇后蛋糕的表面則多為堅果類

Magusto
栗子節

葡萄牙人在11月11日這一天聖馬丁紐日(Dia de São Martinho)或其前後一星期,在各地會舉行栗子節,烤栗子慶祝秋天到來,也在這時候開一年前釀的新酒來喝,通常都會有些免費的烤栗子跟酒可以嘗嘗。

栗子節和聖馬丁紐(São Martinho)與4世紀的聖蹟有關:他是個羅馬士兵,在回家路上天寒地凍,路上有個乞丐向他乞討,他就把披風切下一半送給乞丐取暖,由於他這份樂於分享的大愛,突然間天氣變得很溫暖。而聖馬丁紐是士兵的聖人,亦是窮人、裁縫師、製酒及餐飲業的聖人。據說

聖馬丁紐日的前一夜,通常都會放晴然後天氣溫暖,稱為聖馬丁紐之夏(o Verão de São Martinho)。

有兩句常見的俗語,便可看出這個充滿歡樂的節日氛圍:

No dia de S. Martinho, vai à adega e prova o vinho.
聖馬丁紐日就是要到酒莊試喝新酒!
No dia de S. Martinho, castanhas, pão e vinho.
聖馬丁紐日就是栗子、麵包跟酒!

而提到酒,Jeropiga和Água-pé是兩種常見在栗子節配熱熱的烤栗子來喝的酒,兩者都是葡萄甜酒,Jeropiga的酒精度較高。若在此時到葡萄牙一遊,不妨可嘗試一番。

1.里斯本近郊歐埃樂須(Oeiras)市政府舉辦的栗子節活動,免費分送現烤栗子給市民／**2.**里斯本的秋冬到處都看得到賣栗子的小販／**3.**來包剛烤好的栗子,暖暖手也暖暖心

Festival Internacional da Máscara Ibérica
國際伊比利面具節

　　從2006年延續至今的國際伊比利面具節，每年的5月都會在里斯本的貝倫區進行，主旨在於提高地區性的文化交流，會有許多在地特色食物飲料攤位，隨處都會有音樂進行，也有許多給大人小孩同樂的活動，而其中活動的最高潮就是超過30組的面具大遊行了，除了不同風格的遊行音樂，遊行隊伍與人的密切互動更增加了參與感。參加遊行的隊伍主要是位於伊比利半島的西班牙跟葡萄牙，也有零星從其他歐洲、中南美洲及亞洲國家遠道來參加的喔！

http www.fimi.pt

①

②

用栗樹作成的面具
③

彩色羊毛流蘇造型
④

北歐風動物角及毛皮造型
⑤

剃羊毛人的恐怖面具
⑥

1.遊行隊伍一邊前進，一邊和人群互動相當有趣／**2.**來自澳門的舞獅／**3~6.**各式各樣的面具裝扮，有毛骨悚然、有通俗鄉村、也有歡樂喜感

豐盛多樣
的飲食文化

1 **2**

葡萄牙人一天通常會吃4餐，早餐可以是簡單的穀片加牛奶，或是豐盛些的麵包配上火腿與乳酪，午餐通常會於下午1～2點間，下午點心在4～5點間，最後晚餐則常在8～9點開始。中餐及晚餐通常都會佐酒，且餐後會來杯咖啡。

因得天獨厚的地理風土，其飲食文化也相當深奧，從國民食材鱈魚乾為首、海鮮、伊比利黑豬、咖啡和酒，都有深厚的飲食傳統。「葡式蛋塔」更是全球知名的修道院甜點，可說是葡國的飲食外交大使。

葡萄牙是全球主要的橄欖油生產國之一，產量僅次於西班牙、希臘及義大利，其地中海飲食，為聯合國教科文組織(United Nations Educational, Scientific and Cultural Organization，縮寫為UNESCO)世界無形文化遺產，除了將橄欖及橄欖油當作主要的油脂來源，其他重點是食用當季及當地的蔬果及魚類，使用簡約可保持養分的烹調方式，在調味上多以香料取代鹽，控制乳製品及紅肉的攝取。地中海式飲食除了是飲食的一種，更是與自然共生及和身邊的人共享的生活方式。

海鮮
Peixe e Mariscos

Bacalhau
鱈魚乾

葡文的鱈魚一字「Bacalhau」在葡國人眼中就是鹽漬鱈魚乾的簡稱，在澳門稱「馬介休」。在葡萄牙並不常見新鮮鱈魚，許多葡萄牙人終其一生吃的鱈魚都是鱈魚乾，一方面是習慣，另一方面也是對牠製成魚乾式的熟成風味情有獨鍾。可說是國民食材的鱈魚乾，也被稱作葡人「忠實的朋友」，是可長期保存的蛋白質來源，自大航海時代就陪著葡萄牙人乘風破浪，每家都會有幾道自豪的鱈魚乾家常菜，號稱有一千零一種料理法。

最早開始將遠洋鱈魚商業化的是維京人，早在11世紀就已將在北海及波羅的海釣到的鱈魚賣到各歐洲大城。當時因為鹽還沒有大量普及，但光靠北海的冷風其實就足以風乾鱈魚延長保存期限。14世紀

時，挪威控制了當時鱈魚乾進入歐洲的市場，鱈魚乾的食用也從北歐漸漸往南向地中海發展，倫敦也曾一度是鱈魚乾非常大的消費市場之一。而葡萄牙人在自己捕鱈魚吃之前，也在14世紀跟英國有協議，以鹽換取鱈魚乾。

遠洋漁業造就鱈魚乾產業

在15世紀末，葡萄牙人在尋找前往印度的航路時，到達了在北大西洋現為加拿大的紐芬蘭島(Terra Nova)，因為有大量鱈魚，葡人稱其為鱈魚新大陸(Terra Nova dos Bacalhaus)，在1502年最具代表性的大航海時代地圖「Cantino」也有將其納入。之後葡萄牙人便開始加入賣遠洋鱈魚的市場，並開始幫鱈魚加鹽及在甲板上風乾加快脫水，成為主流的鹽漬鱈魚乾。葡萄牙人愛上不在他們海域裡的鱈魚，當時在教會提倡禁肉之下，方便保存運輸的鱈魚乾更加普遍地出現家家戶戶的餐桌上。20世紀時葡萄牙獨裁的新政府時代，極力推動鱈魚遠洋漁業，因為國家的大力提倡，加入遠洋漁航出海的年輕人甚至可以用來抵兵役，最盛時期葡萄牙自給了80%的國內需求。

不是最大的產量國，卻是最大的消費國

現在葡萄牙雖已不是主要的鱈魚捕獲國，而是從俄羅斯、挪威及冰島進口鱈魚，但葡萄牙至今仍是世界上最大的鱈魚乾消費國，每年可以吃掉超過6萬噸的鱈魚乾，占全球鱈魚捕獲量的20%以上。

鱈魚乾在做任何料理之前都要先經過去鹽及吸水的過程，原則上就是把魚切塊泡在水裡一～二天，一天換三次水。接著若是要進烤箱的料理法，通常會先把鱈魚在有香料的牛奶裡煮熟再進行接下來的料理步驟。其口感及風味明顯有別於新鮮鱈魚，呈片狀或絲狀，有時略帶有嚼勁，不同品牌及熟成度的鱈魚乾風味各異。

1.經典海鮮盤通常會有麵包蟹、鮮蝦、蛤蜊和螺類／2.充滿蛋黃及杏仁的傳統葡式甜點／3~4.超市一定會有一角排著各種等級的鱈魚乾及罐頭食品

知識充電站
先天優勢的海鮮之國

葡萄牙是歐盟中食用最多海鮮的國家，國人每年平均超過50公斤的海鮮食用量，歸咎其因，地理環境絕對是主要的優勢。

擁有歐陸海岸線1,793公里長的葡萄牙，因臨大西洋的西岸和南部的地中海出口而有豐富的各式漁獲，除了其中三分之一以上是鱈魚乾外，還有許多特色海鮮。諸如在大西洋的離島馬德拉群島(Madeira)和亞速群島(Açores)提供大量鮪魚、鯖魚、劍魚、帶魚等多樣魚類。此外，里斯本近郊的Sesimbra、Peniche是著名漁村，提供首都里斯本多樣的新鮮漁獲。(葡國餐廳常見海鮮列表見P.200)

鱈魚乾料理在葡萄牙可是說是千變萬化，不僅在一般餐館中有多種選擇，在平時的家庭用餐中也一定會來上一道鱈魚乾料理，在此介紹11道最常見的料理方式。

1.Bacalhau Assado

即是烤鱈魚，可以用烤箱或烤架烤，有時會擺上玉米麵包碎(com broa)或以撕碎的(desfiado)形態呈現，常和烤馬鈴薯和其他蔬菜一起食用。因為是一大塊魚排，加上魚乾的纖維口感明顯，對於喜歡有嚼勁者，是可以點的一道料理。

2.Bacalhau à Brás

名叫Brás的人在里斯本發明的料理，算是最受歡迎的鱈魚乾入門料理，大人小孩都愛吃，第一次吃就會上癮。是先用橄欖油炒洋蔥絲跟大蒜，再加入碎鱈魚片同炒至熟後，加入炸馬鈴薯細條跟打散的蛋略炒，裝盤後再加上香菜還有黑橄欖。

3.Bacalhau à Minhota

北部Minho地區的料理法，將泡水去鹽且煮熟的鱈魚排及切成略厚片狀的馬鈴薯油炸瀝乾後，裝盤前在鱈魚上淋上橄欖油，及用油炒熟的洋蔥。

4.Bacalhau com Natas

和Bacalhau à Brás同列為初食者料理，一樣是用橄欖油炒熟洋蔥絲跟大蒜後，加入泡水去鹽的小塊鱈魚乾續炒，最後倒入白醬跟炸熟的馬鈴薯小丁拌勻後，再塗上一層鮮奶油或撒上乳酪絲入烤箱烤至表面金黃，也有的作法是將炸馬鈴薯塊以馬鈴薯泥取代。

5.Bacalhau Espiritual

和Bacalhau com Natas的作法非常類似，差別在於把馬鈴薯換成紅蘿蔔絲拌炒煮熟，加入白醬再加入泡過牛奶的白麵包碎拌勻。

6.Bacalhau à Lagareiro

鱈魚乾在Lagares da Beira地區開始的料理，因盛產橄欖和橄欖油，所以這道料理其實就是用非常多的橄欖油淋上整塊鱈魚排和馬鈴薯、蒜和洋蔥後，近似是一半泡在橄欖油裡的狀態一起入烤箱焙烤。由於這道用大量橄欖油在料理的成功，同樣料理手法也常用在烤章魚上。

7.Bacalhau da Consoada

一樣是從Minho地區起源的一道料理，是許多葡人在聖誕夜會和家人一起吃的一道菜，將鱈魚乾、羽衣甘藍、馬鈴薯和蛋全都水煮

經典鱈魚乾料理及小點心

熟後,和橄欖油及用其煎炸的大蒜片一起食用。另一道也是在聖誕夜會出現的鱈魚料理是「Bacalhau com Todos」,字意就是「所有東西加在一起的鱈魚料理」,組成幾乎一樣但多了紅蘿蔔跟鷹嘴豆。

8.Pastéis de Bacalhau

是最常見的鱈魚乾小點心。用馬鈴薯及脫鹽後的鱈魚乾,再加入洋蔥、香菜等調味製成的傳統油炸點心,可以當正餐的前菜,也常在下午當點心食用。形狀是用兩隻湯匙整成橄欖形,或用手整形成小球狀稱「Bolinhos de Bacalhau」。

9.Bacalhau à Gomes de Sá

Gomes de Sá發明的料理,起源於波爾圖。將事先在牛奶裡煮軟的鱈魚小塊放到橄欖油裡和大蒜、洋蔥一起炒,炒好後和黑橄欖、香菜還有水煮蛋一起裝盤食用。

10.Bacalhau à Zé do Pipo

Zé do Pipo在波爾圖發明的料理,由美奶滋、馬鈴薯泥、洋蔥、牛奶、橄欖油、紅椒、月桂葉和橄欖組成。

11.Pataniscas de bacalhau

用洋蔥、香菜、大蒜及鱈魚碎和麵粉加蛋調成的麵糊,所煎成的煎餅。

⑨

Sardinha
沙丁魚

沙丁魚幾乎就等同於葡萄牙的夏天,每年夏天到處都聞得到烤沙丁魚的味道。沙丁魚的料理法通常就是單純以鹽調味在炭火上燒烤,食用時多會再淋上橄欖油,配著麵包或馬鈴薯來吃。近年來沙丁魚因過度捕撈而數量銳減,葡萄牙政府已在不同地區及時期發出禁漁令,以確保葡人還是能在夏天吃到新鮮沙丁魚。

簡單的鹽烤最能吃出沙丁魚的肥美

Percebe
鵝頸藤壺

中文俗稱龜足或鬼爪的鵝頸藤壺,是一種長在岩岸的甲殼類海鮮,其貌不揚常常令人怯步,在歐洲主要是在西班牙跟葡萄牙被採集食用。料

鵝頸藤壺的美味
不能光看長相

理法通常就是加鹽水煮,其肉質非常有彈性,小小一口濃縮著海洋的鮮味。由於非常難採集,價錢通常偏高,在點餐時務必特別注意,通常一人份150～200克小量做為前菜食用。

Sapateira & Santola
麵包蟹及歐洲蜘蛛蟹

　　兩者都是在歐洲特有的蟹種，在葡萄牙通常是水煮後冷卻切塊食用，蟹黃膏多會切碎加入蛋、芥末醬等調味料填入蟹殼中，和烤麵包一起食用。在歐洲主要被食

用的是公蟹，偶爾餐廳也會出現母蟹，價格通常較公蟹來得便宜，點餐時不妨詢問一下。

水煮麵包蟹配綠酒區出產的白酒組合最對味

Bruxa／Cavaco
小蟬蝦

　　只有歐洲大西洋和地中海岩岸(岩石型海岸)才有的小蟬蝦，頭扁長無鬚無大螯，外表充滿著喜感，通常只有5～10公分長，肉質非常鮮甜似龍蝦，很值得一試。

　　此外，葡萄牙還有許多歐洲的岩岸特有海鮮，如鳥尾蛤(Berbigão)、天鵝絨蟹(Navalheir)、刺螺(Canilha)等，值得嘗嘗。

小刺螺(Canilha)

地方特色料理及小食、飲品
Especialidades locais: doces, salgados e bebidas

Caldo Verde
綠菜湯

　　這是道有非常久歷史的湯，據說在15世紀或更早就已出現，本是北部Entre Douro e Minho的平民湯品，應該是類似於台灣早期的蕃薯粥吧！

　　現在這道菜是葡國湯品的代表，全國各地的餐桌上都看得到。材料跟作法都很簡單：把馬鈴薯、洋蔥、大蒜煮熟打成泥後，加水煮成較稀的湯，再加切細絲的甘藍菜(Couve-galega)煮熟，最後淋上橄欖油再放上兩片葡萄牙臘腸(Chouriço)，就是葡國家家戶戶都有的綠菜湯了。

　　在葡萄牙最著名的女法朵歌手阿瑪利亞‧霍德里格須(Amália Rodrigues)的一首歌《Uma Casa Portuguesa》(葡萄牙人家)中的歌詞提到：「(葡萄牙人家)就是愛、麵包、酒和鍋中正在冒煙的綠菜湯。」(É só amor, pão e vinho, e um Caldo Verde, verdinho a fumegar na tigela.)

加點橄欖油再將臘腸在熱湯中攪一攪再享用，是喝綠菜湯的正確流程

Cozido à portuguesa
葡式雜燴

每個葡萄牙人的心中都有在爺爺奶奶家吃的葡式雜燴,是一道家常料理,有肉、有臘腸、有甘藍菜、有根莖類蔬菜,豆類和飯等,不同地區在加入的食材上會略有不同。利用肉類及臘腸燉煮後的高湯,將其他穀類和蔬菜煮熟,在葡人家中常是擺成一大盤讓大家自取,在餐廳點菜通常也是以兩人為單位的一大盤。葡萄牙人是歐洲人當中非常少數,和華人一樣幾乎會食用豬的所有部位,在葡式雜燴常也會發現豬蹄、豬耳朵、豬鼻子等,通常會燉得軟爛容易食用。

單人份的葡式雜燴

Alheira de Mirandela
米蘭德拉的家禽香腸

被稱作是「救了猶太人的葡萄牙料理」,在15世紀末西班牙趕走伊半利半島最後的回教徒後,因害怕猶太人也會開始影響天主教徒,使其改信仰猶太教,因而開啟了宗教裁判所,將猶太人視為異端將其判刑殺害,大量的猶太人逃到葡萄牙,然而宗教裁判所在16世紀中也進到葡萄牙,在北部地區米蘭德拉(Mirandela)的猶太人想到用家禽肉與麵包做成的偽豬肉臘腸,成功逃過迫害。而這道在葡萄牙猶太人的求生創意,之後卻意外得到好評,也一直流傳至今。

家禽香腸在料理時,通常會在腸衣上劃一刀,油炸時腸衣會因高溫而卷起,可被輕易取下,有時也會用烤箱或燒烤方式料理。

油炸是常見的料理法,配上煎蛋、薯條及沙拉一起食用

Tremoço
羽扇豆

地中海國家常見羽扇豆,在餐廳跟酒吧,人們一邊喝啤酒一邊吃的黃豆就是這個!簡單用鹽水煮到合適的硬度,是配啤酒的良伴。通常食

鹽水煮的羽扇豆是配啤酒的良伴

用時會先用嘴咬破,再吐出外層的皮。另外要注意,若是對花生或大豆過敏的人,也可能會對它過敏喔!

31

Caracóis
小蝸牛

　　吃蝸牛是從羅馬時代流傳下來的飲食習慣，在歐洲及北非其他國家也都會看到蝸牛料理。5～8月是小蝸牛的季節，對里斯本人來說，炎熱的夏天下午，來杯冰啤酒配小蝸牛，是再放鬆不過的事了。蝸牛冷水下煮，身體跟觸角都是完整形狀，在香料高湯中續煮熟，充滿香氣。

剛煮好還熱騰騰的蝸牛上桌啦

餐廳外的「有蝸牛！」(Há caracóis！)招牌

Rissol
鹹炸餡餅

　　這是一種用煮熟的小麥麵粉麵糰，製作而成的鹹餡餅，通常為半圓形，外層會裹上蛋及麵包粉後油炸，麵皮吃起來略有彈性，常見的內餡有蝦餡(camarão)、肉餡(carne)、乳豬餡(leitão)等。

乳豬餡餅Rissol de leitão

Pão de ló
海綿蛋糕

　　由義大利傳入伊比利半島的家常蛋糕，用全蛋加糖打發後再加點麵粉烘焙而成，在16世紀葡萄牙人帶著卡斯特拉王國的版本(Pão de Castela)到了日本長崎，成為長崎蜂蜜蛋糕的起源。18世紀初葡萄牙北部開始商業化海綿蛋糕，其中一家「Pão-de-ló de Margaride」因得到葡萄牙皇室喜愛而

非常受歡迎的巧克力口味海綿蛋糕

讓它更加普及。各地配方略有不同，常會多加蛋黃，現在咖啡館流行的是半熟且有多種口味可以選擇。

Empada 或 Empadinha
鹹烤餡餅

和Rissol一樣可以包各種食材，除了常見的肉和蝦，常也會有菠菜等素食內餡。非油炸點心，吃起來較清爽，兩個烤餡餅配湯就是一道簡單的輕食。

非油炸較清爽的派皮

Croquete
可樂餅

從法國傳入，通常不像日本的可樂餅會有大量馬鈴薯，葡萄牙的多半是純牛肉餡，再加入蛋、麵粉等增加黏性，用香料調味後，再裹上蛋液及麵包粉油炸而成，常是小條狀，也可以是豬肉、魚肉或豬肉餡。

葡式的小條狀可樂餅

Queijo fresco
鮮乳酪

在地中海飲食中絕對重要分量的鮮乳酪，主要是牛奶或羊奶製成，口感輕盈充滿乳香，保存期限很短，需儘快食用。通常會將乳酪倒在盤子中，切片後撒上些許鹽、胡椒，也可再淋上橄欖油後和麵包一起食用。據說和果醬一起吃也很對味，或是切塊加入沙拉中。

常做為餐廳前菜的鮮乳酪

在超市買到的鮮乳酪通常會分別包裝

33

Francesinha
小法國

是葡萄牙北邊第二大城波爾圖(Porto)非常有名的料理，為什麼叫「小法國」？顧名思義就是從法國傳過來的囉！基本上就是法國的Croque monsieur三明治的加大升級版。Croque monsieur是烤吐司加上火腿跟起司，葡萄牙版的除了本來的火腿跟起司，還要再加上煎牛排、烤豬肉臘腸、再加一顆半熟蛋，外圍再有一圈薯條，最後還要淋上番茄為主的香料醬汁，通常會帶一點辣，整份吃完會相當有飽足感。

連鎖店Dote的經典Francesinha

UCAL
巧克力牛奶

陪伴葡人從小成長的UCAL，在每個咖啡館都會看到它。不只是小孩愛喝，常也會看到各種年齡層的男女老少對它的喜愛。早餐若是不想喝咖啡，也可以試試這跨越年代歷久不衰的國民飲品。

大瓶裝的UCAL

修道院甜點 Doces Conventuais

如其名，是由修道院傳出的甜點。在19世紀的自由革命後，葡萄牙各地的修道院紛紛關閉，流落街頭的修女們，為了生計，開始販賣之前修道院不外傳的甜點，大受歡迎之下，漸漸普及。修道院甜點最基本組成是糖與蛋黃，常也會再加入杏仁等堅果。修道院甜點通常都非常甜膩，建議可以配無糖咖啡一起食用。

ALCOA甜點店是葡式修道院甜點的指標店家

Pasteis de nata
葡式蛋塔

稱之為葡萄牙的國家象徵也不為過的蛋塔，千層派皮的酥皮加上滑順的奶蛋餡，上面可以輕撒上肉桂粉，或可再加上一點糖粉，簡單的組合是永遠的經典，在葡萄牙隨時隨地都可以來上一個。

可說是葡萄牙國民甜點兼外交大使的葡式蛋塔

Ovos moles
軟蛋

在號稱「葡萄牙的威尼斯」的阿維魯(Aveiro)發源的軟蛋，是蛋黃與煮糖的結合，包在薄薄的白色澱粉外殼內，多半做成貝殼形狀。另外，軟蛋是完完全全在鍋上煮熟的，通常存放在室溫即可，孕婦、小孩、老人們都可以放心食用。

每顆都包在白色澱粉薄殼內的軟蛋，吃起來不髒手非常方便

Toucinho do céu
天堂的培根

和軟蛋的材料一樣，以煮糖與大量蛋黃，再加上杏仁粉、魚翅瓜果醬，與一點點麵粉，放到烤箱烤成形即可。口感濃郁，充滿杏仁及蛋黃香氣，且有魚翅瓜果醬中纖維帶來的QQ口感，是修道院甜點中必嘗的一道。

剛烤好的天堂的培根，外脆內軟充滿杏仁香，可是一吃就會上癮呢

Marmelada Branca de Odivelas
白色榅桲果醬

這是難得不加蛋黃的修道院甜點，榅桲果醬(或稱木梨果醬)通常是紅褐色。會有白色果醬，都是因為在製作過程中儘量減少氧化而成，白色榅桲果醬，起源於里斯本北邊近郊歐維樂許(Odivelas)的修道院Mosteiro de São Dinis，在19世紀末修道院最後一位修女過世後，製作的方法才得以曝光。雖說是果醬，但偏固態，通常切成正方小片直接食用，因費時耗工，古早以前是在節慶時才會製作的甜點。

榅桲果醬(圖片提供／Câmara Municipal de Odivelas)

知識充電站
修道院甜點總愛用蛋黃？

蛋白在當時有個非常重要的功用是用來熨衣服，和澱粉水一樣，可以保持衣服的硬挺平整，這對注重儀表的修道院士及修女們特別重要。另一個重要的功用是在釀酒過程中，會用到蛋白和雜質結合，做為酒的澄清劑使用。因為以上兩個原因，總是剩下很多無用的蛋黃，而在15世紀開始糖漸普及後，修道院士和修女們便試著結合蛋黃與糖，創造出一系列的甜點囉！

咖啡 Café

葡萄牙人喝咖啡的歷史可以追溯到18世紀，當時有著殖民地巴西生產咖啡，葡萄牙曾一度是世界上最大的咖啡生產國。除了巴西外，葡萄牙的前殖民地，如東帝汶(Timor)、聖多美普林西比(São Tomé e Príncipe)和安哥拉(Angola)，也都有生產咖啡豆，這令葡萄牙的混合咖啡有著其特有的風格，且在製程上是屬於低溫烘焙，酸度較低也保留較多咖啡原有的風味。

有80%以上的葡萄牙人每天都會喝咖啡，每天平均2.5杯，也就是幾乎早中晚都會來上一杯。咖啡店在葡萄牙各地幾乎都是三步一小家、五步一大家的程度，隨時隨地都可以喝到新鮮好咖啡。值得一提的是，很大一部分的葡萄牙人是不在家裡喝咖啡的，喝咖啡除了是飲食習慣外，更是一種社交活動。很多葡人就算是在家吃飯，也喜歡飯後出門到家附近的咖啡店喝個咖啡。

知識充電站

是Café也是Bica

在里斯本地區的Café也叫Bica，是有個有趣的典故：在舊城區希阿都(Chiado)的巴西人咖啡館 A Brasileira，因為看到顧客喝著苦苦的咖啡有點痛苦，於是放上一個告示寫著「Beba Isto Com Açúcar」(喝這個要加糖啦！)取4個字的首字母就是BICA。

葡萄牙的咖啡飲品有很多種類，以下列出常見的幾種：

Café／Café Expresso

是最常見的點法，在里斯本地區又叫Bica，在波爾圖又叫 Cimbalino。這是葡萄牙版的Expresso，比義大利版的要來得大杯一些，通常都是餐後飲用。

Café Curto／Italiana

比Café還來得更濃縮(curto)一些，也就是義式濃縮咖啡的程度。

Café Cheio

就是Café Curto的相反，是比一般Café來得更淡的咖啡。

Duplo

就是兩杯Café倒在同一杯，常會用瓷茶杯(Xícara de Chá)裝。

Abatanado

在定義上略有爭議，有的就等同Duplo加點水，有的是Café Cheio再多一點水，總之較Café來得要淡，也常會用瓷茶杯裝。

Pingado

Café上加一點點冷牛奶。

Garoto

是Pingado的相反，在Café Curto或Café上加熱牛奶，或再加上奶泡。

Meia de Leite

字面上來說是「一半牛奶」，也就是我們熟悉的拿鐵，會用瓷茶杯來裝。

Galão

大部分時候就等同於Meia de Leite，依個人喜好還可以分成Galão Claro(咖啡少一點)跟Galão Escuro(咖啡多一點)，會用較大的玻璃杯子裝，常見在早餐跟下午茶。

Carioca

用已經用過一次的咖啡粉再濾出的第二次Café，通常很淡。另外，「Carioca de Limão」是用熱水泡新鮮檸檬皮的茶，跟Carioca沒有任何關係喔。

Café com Cheirinho

就是Café加上一點白蘭地(Aguardente)或其他烈酒，通常是正餐後飲用。

Café sem Princípio

避開機器一開始流出的Café(咖啡因較多)，口味會較淡。

Mazagran

倒在冰塊上的Café，常會加上薄荷葉。

Descafeínado

去掉咖啡因的Café。

以上這些咖啡通常都會附一～二包糖，視個人口味加入飲用囉。用來裝咖啡的杯子也可以特別要求要冷的(chávena fria)還是熱的(chávena escaldada)。

❹

1.葡萄牙常見的咖啡預磨粉包裝／2.里斯本的Café Janis，充滿浪漫的咖啡店氛圍／3.里斯本Bica／4.早餐跟下午茶常見的咖啡牛奶 Galão

酒 Vinho

葡萄牙人是平均消費最多酒的國家之一,根據美國的葡萄酒協會(Wine Institute)統計,葡人平均每人每年可以喝掉超過40公升的酒,和法國人並駕其驅。葡萄牙酒在全球產量上占的比重不大,卻擁有世界前三多的葡萄品種,達250種,且近9成生產的酒都擁有正式品質認證。

葡萄牙產酒可追溯到西元前,在羅馬時期即是輸出酒到羅馬的產地之一,之後雖在8世紀被阿拉伯人占領後,因宗教因素酒在葡人生活中曾被壓抑,但12世紀後重新以基督教為國教後,又可以產酒及飲酒了。航海時代,葡萄牙人也曾帶著大量自產的酒在世界各地交換商品。

今日葡萄牙國內酒類消費以阿連特茹(Alentejano)的紅酒及綠酒區(Vinho Verde)的白酒為首,也分別是配肉類及配海鮮的首選。

DOC (Denominação de Origem Controlada)

和DOP同是產區保證,通常來自較古老的產酒區,除了在產地上的規範,在葡萄種類、釀酒方式、裝瓶保存方式等都有保證遵循傳統作法,是最嚴格的產區及品質控管。

IGP (Indicação Geográfica Protegida)

產區保證,保證其釀酒葡萄85%以上來自產區。

Vinhos Regionais

地區酒,即IGP產區保證酒,葡萄牙的地區酒常見的標示有:Alentejano、Vinho Verde、Douro、Dão、Lisboa、Setúbal、Algarve、Minho等14個產區。

1.最受歡迎的綠酒區白酒,清爽略酸微帶氣泡,最適合配海鮮/2.阿連特茹紅酒最常出現在葡人的平日餐桌上/3.在什突堡半島酒莊Casa Ermelinda Freitas的葡萄園/4.有DOC酒標的阿連特茹紅酒

以下介紹幾種葡萄牙產的名酒：

Vinho do Porto
波特酒

或譯「波爾圖酒」，是世界上第一個正式規範的產區酒，產於北部杜羅河產區，因波爾圖為此酒的主要輸出港口而得名。1703年和英國簽下俗稱「波特酒條約」的「馬修恩條約」(Tratado de Methuen)後，大量出口波特酒到英國，讓葡萄牙產酒前進了一大步。

香甜的波特酒，來自產區葡萄汁發酵至一定甜度風味後，加入葡萄蒸餾酒(Aguardente de Uva)終止發酵，酒精濃度多在19～22度，可為紅酒或白酒，依葡萄酒品質及陳酒環境不同可分成以下4種：

Vintage

年分酒，產量極少，為波特酒之王。在葡萄收成釀酒的第三年才會裝瓶，陳酒年分可達40年。所有希望標上年分酒酒標的酒，必須通過杜羅及波爾圖酒協會(Instituto dos Vinhos do Douro e Porto)的認證，才得以使用年分酒酒標。

O Single-Quinta

單一莊園酒，和年分酒的製程相同，但酒坊覺得還不至於到年分酒的品質時，就會申請標上此酒標。

Ruby

紅寶石，通常是3年內在桶陳釀波特酒，氧化時間少，充滿香氣且具強烈風味，具有如其名的紅寶石顏色。特選

常見的特選
紅寶石波特

紅寶石(Reserva Ruby)，使用的是風味更佳的葡萄酒所釀造。

Tawny

茶色波特，酒庫存中混合而成，有較長的陳酒過程，平均三年。酒的氧化程度高，口味較圓滑順口，常作餐前酒飲用。特選茶色波特(Tawny Reserva)，選用品質較為佳的葡萄酒，陳酒平均年分為5～7年，依其混合後的品質與特色，可在認證後標上10年、20年、30年或40年的年分。

茶色波特的豐收　　茶色波特
年酒(Colheita)

Moscatel
麝香葡萄酒

是一種充滿花香、果香的特殊甜酒，酒精濃度多在16～22度間。在葡萄牙有兩個主要產區：里斯本近郊的什突堡半島及北部的杜羅河。而這兩個產區就出產了全球麝香葡萄中非常有名的兩種葡萄：亞歷山大麝香葡萄(Moscatel de Alexandria)及小粒麝香葡萄(Muscat Blanc à Petits Grains)。

麝香葡萄的皮有非常濃郁的香氣，一旦葡萄發酵到足夠的甜度後，隨即加入葡萄蒸餾酒，接著連葡萄皮一起放置三個月以上，最後再存放在大木桶中熟成至少18個月，常見10或20年的陳年酒。新酒通常充滿了果香，而陳酒多有堅果及淡淡的無花果味道。

什突堡半島的麝香葡萄酒(Moscatel de Setúbal)有超過100年的DOP產區保證酒標的歷史。杜羅也同樣有著麝香葡萄酒的DOP產區酒標(Moscatel do Douro)，常會用來和白波特一起調酒。

1.什突堡半島的麝香葡萄酒
2.杜羅的麝香葡萄酒

Outros Licores
其他特色酒

Ginja de Óbidos

起源於17世紀的歐畢杜須(Óbidos)，是用酸櫻桃釀的利口酒，有的含櫻桃(com elas)有的不含(sem elas)，會加入糖及其他香料，如香草、肉桂、八角等。一日當中隨時都可飲用一小杯。

Aguardente de Cana

主產於馬德拉島(Ilha da Madeira)用甘蔗發酵製作的蒸餾酒，酒度濃度可達70度以上。常用來調配雞尾酒，如經典的Poncha da Madeira，就是用Aguardente de Cana和檸檬皮、糖、蜂蜜等調合而成的。

Jeropiga

產於Trás-os-Montes地區，將釀酒葡萄漿(Vinho mosto)和葡萄蒸餾酒(Aguardente de Bagaço)及肉桂棒混合且熟成後得到的上部澄清利口酒。最常在聖馬丁紐日的栗子節和熱呼呼的烤栗子一起享用。

常用來配烤栗子飲用的利口酒Jeropiga

Licor de Amora

產於亞速群島(Os Açores)的黑莓利口酒，群島上也產其他風味獨特的水果酒，如橘子利口酒(Licor de Tangerina)、百香果利口酒(Licor de Maracujá)、鳳梨利口酒(Licor de Ananás)等，常是在飯後當消化酒飲用。

Medronho do Algarve

如其名，是在葡萄牙南部阿爾加維地區以草莓樹(medronho)果釀製的傳統蒸餾酒，有著非常長的歷史，在西元9、10世紀時，由阿拉伯人傳入傳統的釀酒蒸餾方法。

葡式藝術
傳統之美vs.前衛多采

傳統之美 | **Cante Alentejano**

阿連特茹歌謠

2014年被UNESCO列為世界無形文化遺產之一的阿連特茹歌謠，相較於法朵(見P.44)鮮少人注意。可以是男聲、女聲或混聲合唱曲，通常會有兩個中及高音獨唱和低聲合唱交錯。主要是阿連特茹地區的農民，邊務農邊唱，又特別是當大家聚在小酒館吃飯喝酒時，即興創作合唱的歌曲，主題常和農務及天氣相關，也常會提到當地聖人的故事，和法朵一樣可以有各種主題，可以悲傷或歡樂，可以講愛情、鄉愁或願望等，也會加入諷刺幽默的元素。

從小在阿連特茹長大的葡萄牙人，總能記得爺爺奶奶哼唱的這些歌，這是他們的身分認同啊！然而阿連特茹歌謠真正的起源不詳，可能是由基督教聖歌Canto Gregoriano的一種或阿拉伯歌曲Canto Árabe而來，在19世紀中後發展成形，1927年出現第一個合唱團。塞爾帕(Serpa)是目前阿連特茹歌謠的中心，其市政府組織了歌謠中心(Casa do cante)為保存這個音樂文化，也在葡萄牙各地進行巡迴表演活動。想認識阿連特茹，除了用美食、美酒，音樂也是不可或缺的。

http www.casadocante.pt

1.教堂中的磁磚故事畫，是最美的裝飾也是宣揚教義的方法／2~3.在各地節慶看到阿連特茹歌謠合唱團，經典造形是領巾跟帽子，有時還會再加上農具

41

磁磚

磁磚可說是葡萄牙歷史最悠久的國家象徵，葡文的磁磚「Azulejo」是由阿拉伯文「Azzellj」而來，意指「表面拋光的小石塊」，在羅馬時代拜占庭藝術的馬賽克鑲嵌畫中就大量被使用。磁磚工藝後來隨著摩爾人來到伊比利半島，在葡萄牙趕走摩爾人建國後，此工藝並未風行，而是一直到15世紀末，葡萄牙國王曼奴埃爾一世在參訪西班牙時得到的啟發，回葡後提倡磁磚工藝，及開啟了用來裝飾建築的風潮，特別是在當時皇宮辛特拉宮(Palácio Nacional de Sintra)有極其華美的磁磚裝飾，而辛特拉也是瓷磚工匠聚集之地。

在財富盛極一時的16世紀，葡萄牙習得更多外來技術，磁磚的發展也同步成熟。18世紀是葡萄牙磁磚生產，及用磁磚裝飾與說故事的全盛時期，不只在葡萄牙本土，海外殖民地也有高度的磁磚需求，各地宮殿、教堂及修道院、花園與民居都以磁磚裝飾，畫下各種聖人與歷史故事。直到今日，葡萄牙仍可被稱為磁磚之國。想要了解更多葡萄牙磁磚歷史與發展，可以參觀國立磁磚博物館(Museu Nacional do Azulejo)，見P.116。

1.里斯本恩典教堂和修道院(Igreja e Convento da Graça)入口一側的美麗藍磁／**2~3.**在Campo Grande地鐵站有由Sant' Anna製作的現代版藍磁迎賓人物／**4.**在聖露西亞觀景台(Miradouro de Santa Luzia)由Fábrica Viúva Lamego製作的舊時商業廣場畫

傳統之美 Calçada portuguesa

葡式石塊路

葡式石塊路可說是「能行走在上面的藝術品」，是葡萄牙非常重要的文化遺產及國家標記。葡式石塊路首次出現在1842年，是由一群犯人在里斯本的聖喬治城堡(Castelo de São Jorge)所鋪出來的黑白石灰岩塊相間的路，非常受里斯本人喜愛。緊接著而來的第二個石塊路計畫便選在里斯本的胡西烏廣場(Praça do Rossio)，鋪上黑白相間代表海浪的波紋圖形，至今也保存維護得相當完整。

接下來的幾十年間，葡式石塊路除了風行在葡萄牙各地，在其海外殖民地也都會見到它的蹤影。鋪石塊路是個非常勞力密集的工作，90年代初期單單里斯本就有400個石塊路鋪路職人(Calceteiros)，然而隨著時間過去，柏油路漸漸成為主流後，

鋪石塊路的工作也越來越少人從事，幾乎要變成消失的職業。里斯本市政府注意到維持葡式石塊路文化的重要，於1986年開設了訓練鋪石塊路職人的專門學校(Escola de Calceteiros)，每年會固定訓練一批新學生，保存文化的同時，也幫助了一些中年失業的葡人得以持續工作。

1.里斯本市政府在Hotel Avenida Palace旁立的紀念石塊路鋪路職人雕像(作者Sérgio Stichini)，雕像旁寫著「里斯本市政府感謝那些為我們踩踏的道路鋪路的石塊路職人」／**2~3.**著名胡西烏廣場(Praça do Rossio)、復國者廣場(Praça dos Restauradores)上的葡式石塊波紋

法朵

隨著夜幕低垂，披肩(Xaile)、葡式吉他(Guitarra portuguesa)、充滿情感的法朵歌聲是真實感受里斯本舊城夜晚的三元素。法朵，「命運」之意，這個19世紀的里斯本平民音樂，總是帶著強烈的感情，無論是愛戀、孤單、失去、嫉妒、背叛等都是常見的主題。

法朵確切的起源不詳，但被普遍認為是一種多文化的融合，里斯本自幾世紀前做為歐洲的門戶以來，受到巴西、非洲各地的移民帶來的音樂風格影響，在街頭巷尾各種日常場合都可聽見的即興創作歌謠，漸漸形成獨特的風格。在19世紀初期成形的法朵音樂，通常為單人演唱，男或女唱者，常伴著葡式吉他，1930年代里斯本開始在舊城區，主要在高城(Bairro Alto)及阿爾發瑪(Alfama)區，出現許多法朵音

樂廳(Casas de Fado)，至此法朵表演有了較制式的規格，原有的即興創作成分也漸消失。1940～1960年代是法朵音樂的全盛期，這個時候法朵音樂漸漸走出葡萄牙成為國際知名音樂，也在這個時期法朵國寶歌手阿瑪利亞・霍德里格須(Amália Rodrigues)將其帶到世界各個角落，宣揚了葡國的法朵音樂，也因此，葡國政府將其墓移入萬神殿(Panteão Nacional)，以紀念她永恆的文化貢獻。

在2011年法朵被UNESCO列為世界文化無形遺產，老中青的法朵歌手持續著獨特的演唱風格，也加入更多不同的呈現方式，可以是輕鬆愉快帶點俏皮的抱怨，也可以是現代感摻著搖滾視覺，或是清新的無憂無慮唱腔。

想更了解法朵，建議參觀法朵博物館(Museu do Fado)(見P.113)，也可以到國家音樂公司CNM(Companhia Nacional De Música)(見P.98)，亦或是找一家法朵餐廳體驗一下。右頁推薦幾家較有歷史且以專業法朵演唱知名的餐廳，餐點價格通常會比一般餐廳要多50%，餐點品質中上，且可以有兩小時以上近距離欣賞專業法朵歌手及吉他手的表演，通常有低消，平均一人的消費約30～40€算是合理範圍。

1

高城 Bairro Alto
Cafe Luso(見P.106)
A Severa
http www.asevera.com

阿爾發瑪 Alfama
Casa de Linhares
http www.casadelinhares.com
Clube de Fado
http www.clube-de-fado.com

1. 在小酒館中法朵演唱經典的場景(圖片提供／A Severa)／**2.** 與演唱者及吉他表演者的近距離音樂體驗(圖片提供／Clube de Fado)

| 前衛多采 | Arte Urbana |

街頭藝術

　　里斯本是歐洲街頭藝術的大城，除了有大量葡萄牙人的作品外，更有各地知名藝術家專程到里斯本留下他們的作品。特別是在舊城區，和路面電車融為一體的街頭藝術正是里斯本迷人之處。

　　以下介紹葡萄牙最知名的兩位街頭藝術家：

Vhils

　　生於1987年的亞歷山德·法圖(Alexandre Farto)以「Vhils」聞名街頭藝術界，他的作品多是在牆面的淺層雕刻，製造出3D立體感來呈現他要傳達的訊息。成長於里斯本特茹河南岸Seixal的工業區，靈感來自於城市牆面在高度都市化之下，吸收社會和歷史變遷造成的改變，造就了他自成一格的藝術風格。

1. 為紀念康乃馨革命，在葡萄牙首相官邸(Palacete de São Bento)內的水泥作品，重達8噸／**2.** Rua Senhora da Glória上Vhils和美國著名藝術家謝帕德·費爾雷(Shepard Fairey)合作完成的作品

45

波爾達路二世(Bordalo II)

1987年出生在里斯本的藝術家,以回收廢棄物製作的作品聞名,風格大膽色彩豐富,自嘆生於過度重視物質、消費和貪婪的時代,在他的作品中多是因為人類製造的垃圾而威脅其生存的小動物們,藉此用以喚醒人們對生態保育的重視。

其他知名的葡萄牙街頭藝術家還有±MaisMenos±、馬里奧·貝倫(Mário Belém)、奧迪斯(Odeith)等,也有許多知名外國藝術家在此留下作品, 如美國謝帕德·費爾雷、義大利布魯斯(Bluz)與安德里亞·塔爾里(Andrea Tarli)、法國M Chat、巴西Os Gêmeos等。想要在里斯本來趟密集的街頭藝術之旅,可以到Bairro Alto、Graça、Mouraria、Alfama及近年來里斯本非常受歡迎的新興景點LxFactory(見P.132)。

1.在萬博公園區(Parque das Nações)的巨型伊比利林曳《Lince Ibérico》／2.在貝倫文化中心旁(Centro Cultural de Belém)的大浣熊《Guaxinão》／3.LX Factory內的蜜蜂《Abelha》／4.因歐巴馬的競選海報《Hope》(希望)一作聞名的美國藝術家謝帕德·費爾雷在Rua Natália Correia留下象徵和平的作品／5.曾一度在索德烈碼頭(Cais do Sodré)火車站前展出以垃圾筒製成的大型作品《LISBOA》／6.義大利藝術家安德里亞·塔爾里在Largo da Achada留下帶有嘲諷感的有趣作品

葡國特色伴手禮

堅果夾心巧克力

Imperial 巧克力

　　以往曾有巴西提供大量可可豆，因此葡萄牙在製作巧克力經驗上並不輸其他歐洲巧克力大國喔！創立於1932年的葡萄牙本土巧克力品牌Imperial，產品中較高級的Jubileu系列多為堅果和香料風味，也有許多針對小朋友主打的可愛包裝Pintarolas，及非常受歡迎，內有焦糖夾心的牛奶巧克力Allegro。

充滿童趣的綜合巧克力糖

水果風味的Regina系列，及料理甜點用的Pantagruel高品質黑巧克力(左二)

Doce de Abóbora Chila(Gila) 魚翅瓜果醬

　　除了和一般果醬一樣拿來配餅乾或麵包外，這個果醬的特色是葡人常會拿來把它加在甜點裡面，如有名的修道院甜點「天堂的培根」或是蘋果塔的內餡，有QQ的纖維可以增加口感和飽足感，是很有特色的食用紀念品。

魚翅瓜果醬

Marmelada
榅桲果醬

　　非常古老的葡萄牙甜點名物榅桲果醬(或稱木梨果醬)，是用看起來類似蘋果的榅桲果製作成略偏硬的果醬，葡萄牙各地的作法都不太一樣，視製作的程序而定，顏色可以偏白或偏暗紅，在里斯本近郊的歐第維樂許就以其獨有的白色榅桲果醬聞名。自大航海時代起葡萄牙人把它帶到世界各地，英文的「Marmalade」一詞即是由葡語而來，許多國家吃果醬的起源都和它有關。一般來說除了可以直接塗在麵包上食用，葡萄牙人也常會拿它和切片的乳酪一起吃。

超市常見的榅桲果醬

Doce de tomate
番茄果醬

　　地中海國家之一的葡萄牙盛產番茄，除了一年四季都看得到番茄在餐桌上之外，葡人也會將番茄做成果醬，和一般果醬一樣拿來抹麵包吃。

經典番茄果醬

Conservas de Peixe e Mariscos
海鮮罐頭

　　多樣的海鮮罐頭是葡萄牙的特產之一，葡萄牙在20世紀前半的全盛時期，曾有幾百家罐頭工廠。除了有非常多口味的沙丁魚及鮪魚罐頭之外，還有鱈魚、鯷魚(Achova)、鯖魚(Cavala)、小卷(Lula)、花枝(Chocos)、章魚(Polvo)、貝類(Bivalves)甚至魚卵(Ovas)等不同的海鮮罐頭。

Ribeira有許多花枝跟貝類的調味罐頭

光是鮪魚罐頭的選擇就非常多種

沙丁魚罐頭是觀光客最愛的經典選擇，口味多樣豐富。沙丁魚罐頭連鎖店Comur，將其當作精品販賣

Galo de Barcelos
公雞

　　因在葡萄牙北部巴塞盧許(Barcelos)的公雞傳說，當時死雞復活啼叫為無罪的人證明清白而免去死刑，因而在葡萄牙成為好運與公正的象徵。也因此到處都可以看得到以牠為形像製作的紀念商品。

紀念品店Clementina的粉彩公雞

Andorinhas
燕子

　　葡萄牙近代最重要的藝術家波爾達路·平內汝(Bordalo Pinheiro)，在19世紀末創造的小瓷器作品與畫作，很快地被葡萄牙百姓接受成為該國人民的象徵。燕子代表著葡萄牙人雖移居，但永遠會回到家鄉原有的巢，代表對家鄉與家庭的愛、忠誠與信念。

紀念品店Clementina各種色彩繽粉的燕子

Cortiça
軟木製品

　　葡萄牙是全球最大的軟木生產國，除了製作酒瓶的軟木塞外，也有一系列以軟木製作的日常用品與配件，如髮飾、包包、隔熱墊、帽子、鞋子等。

軟木製成的牛仔帽

Azulejo
磁磚

葡萄牙的磁磚歷史久遠，是國家象徵之一，至今仍有許多磁磚工廠及藝術家致力於磁磚的生產與發展，不妨帶走一塊充滿特色的花磚或現代藝術磚吧！

位於辛特拉的花磚店

里斯本D' Orey Tiles的現代藝術磚

Lembranças de Marca
高級伴手禮

國際聞名的葡國瓷器名牌Vista Alegre及餐具名牌Cutipol是最受歡迎的高級伴手禮，另外以維亞納之心(Coração de Viana)為主體製作的耳環、項鍊等配件，常以金銀合金等材質製作，也相當受到女性歡迎。

Vista Alegra有一系列以葡國石塊路及里斯本、波爾圖等大城為主題的瓷器

Cutipol的餐具一直都是米其林餐廳主廚與料理部落客的最愛(圖片提供／cutipol)

金線製作的「維亞納之心」可說是葡國手工藝的極致表現(圖片提供／Museu da filigrana)

里斯本行程規畫

本行程規畫以里斯本市區精華三日遊為中心，
以上午、下午、晚上三個時段為區分，安排精選景點為原則，
若想細遊每區可加半日至一日再搭配新大道區及西北區，
做為購物行程及體驗更接近當地的餐廳與生活氣氛。
視總停留日數，可往大里斯本及周邊做一日或二日的往返旅行。

里斯本市區精華三日

Day 1：下城區(P.62)與城堡區(P.108)

上午：趁早上人少時搭乘聖朱斯塔升降機(P.68)，遊高城區的卡爾莫院(P.92)，步行下坡逛下城區的老店，遊胡西烏廣場(P.74)及無花果廣場市集(P.79)，中午用餐後可嘗嘗櫻桃酒(P.85、86)

下午：乘28號電車，逛聖喬治城堡(P.110)，及在阿爾發瑪高低蜿蜒的巷弄間體驗老里斯本風情

晚上：回到下城區，可由商業廣場(P.64)沿河濱步行賞景，至索德烈碼頭區用餐

Day 2：貝倫區(P.124)

上午：遊哲若尼慕須修道院(P.128)，可至貝倫蛋塔店(P.137)吃蛋塔喝咖啡

下午：遊發現者紀念碑(P.130)、貝倫塔(P.126)，及阿茹達宮(P.134)

晚上：遊LxFactory(P.132)或在夕陽時沿河濱散步至藝術建築與科技博物館(MAAT)(P.133)

Day 3：世博公園區(P.146)及高城區(P.90)

上午：至世博公園區遊里斯本海洋館(P.148)坐河濱纜車(P.149)

下午：回到下城區搭升降梯至高城區。如中午可在索德烈碼頭區的Time Out Market(P.81)用餐，坐畢卡升降機(P.73)或在胡西烏廣場(P.74)附近用餐，坐榮耀升降機(P.71)至高城區。逛高城區，可擇一觀景台賞景

晚上：體驗高城區的酒吧風情(P.107)

近郊旅遊推薦順位

No.1 辛特拉(P.166)

建議旅遊時間：一～二日
有UNESCO加持且景點多，亦可將里斯本精華三日中的其中一日換成辛特拉一日來回。辛特拉當地公車班次不多，若非自駕，一天安排兩個景點比較適當，若想要一網打盡，強烈建議在辛特拉住宿。

No.2 什突堡半島(P.188)

建議旅遊時間：半日
距離里斯本僅一河之隔，同時可體驗渡船，適合喜歡賞景及悠閒氣氛的旅人，做為半日遊十分合適。

No.3 埃孚拉(P.204)

建議旅遊時間：二日
UNESCO認證的歷史古城，曾是葡萄牙非常重要的文化及軍事重鎮，整座城市充滿了故事，且以美食及美酒聞名。

No.4 歐畢杜須(P.222)

建議旅遊時間：一日
以中世紀城堡及櫻桃酒聞名，和里斯本連結的巴士班次多，是非常合適的一日遊小鎮。

No.5 卡須凱須(P.182)

建議旅遊時間：半日～一日
離里斯本最近的陽光海灘休閒小鎮，觀光發達，餐廳及購物皆方便，頗有類似南法的地中海風情。

里斯本
分區導覽

圖片提供／©Luís Pavão

圖片提供／©Câmara Municipal de Lisboa

大里斯本分區圖

馬孚勒
Mafra

辛特拉
Sintra

卡須凱須
Cascais

里斯本
Lisbon

阿爾瑪達
Almada

什突堡半島
Peninsula de Setúbal

新城區
區域圖

舊城區
區域圖

里斯本新城區區域圖

❶ Belém
❷ Alcântara
❸ Ajuda
❹ Avenidas Novas
❺ Parque das Nações
❻ Carnide
❼ Luminar
❽ São Domingos de Benfica

書中新城區分成：
貝倫區 (Belém, Alcântara, Ajuda)：1, 2, 3
新大道區 (Avenidas Novas)及自由大道：4
世博公園區 (Parque das Nações)：5
西北區 (Carnide, Luminar, São Domingos de Benfica)：6~8

里斯本舊城區區域圖

❶ Cais do Sodré
❷ Baixa
❸ Chiado
❹ Bairro Alto
❺ Santa Catarina
❻ Príncipe Real
❼ Alfama
❽ Castelo
❾ Mouraria
❿ Graça
⓫ São Vicente

書中舊城區分成：
下城區 (Baixa, Cais do Sodré)：1, 2
高城區 (Barro Alto, Chiado, Príncipe Real, Catarina)：3~6
城堡區 (Castelo, Alfama, Graça, Mouraria)以東及以北：7~9

N

R. da Voz do Operário

Feira da Ladra

萬神殿
Panteão
Nacional

Arco Grande de Cima

R. de São Vicente

R. Caminhos de Ferro

Costa do Castelo

R. do Paraíso

Santa Apolónia

聖喬治城堡
Castelo de
São Jorge

R. São Tomé

粗鹽酒館
Taberna Sal Grosso

M Santa Apolónia

R. do Museu da Artilharia

抗戰與自由博物館
Museu do Aljube

R. Limoeiro

聖露西亞觀景台
Miradouro de
Santa Luzia

R. Jardim do Tabaco

R. de Santiago

hiCoração

R. Limoeiro

Memmo Alfama

R. do Terreiro do Trigo

法朵博物館
Museu do Fado

Av. Infante Dom Henrique

特茹河 Rio Tejo

R. Augusto Rosa

里斯本主教堂
Sé de Lisboa

Cruzes da Sé

Casa dos Bicos

Av. Infante Dom Henrique

M Anjos

Av. Mouzinho de Albuquerque

N

Anjos70

Marisqueira
do Lis

R. Andrade

Av. Mouzinho de Albuquerque

M Intendente

R. Damasceno Monteiro

Av. Almirante Reis

Tv. do Cidadão
João Gonçalves

Cervejaria
Ramiro

A Vida Portuguesa

Nova do Desterro

R. do Vale de Santo António

Museu da Água

山上聖母觀景台
Miradouro da Nossa
Senhora do Monte

Igreja Paroquial de
Santa Engrácia

R. Palma

王氏超市 Supermercado Wang

國立磁磚博物館
Museu Nacional do Azulejo

陳氏超市 Supermercado Chen

東方超市 Supermercado Oriental

Calçada de Santa Apolónia

Martim
Moniz

華大利超市
Supermercado
Chinês Hua Ta Li

蘇菲亞 · 安德森觀景台
Miradouro Sophia de
Mello Breyner Andresen

M

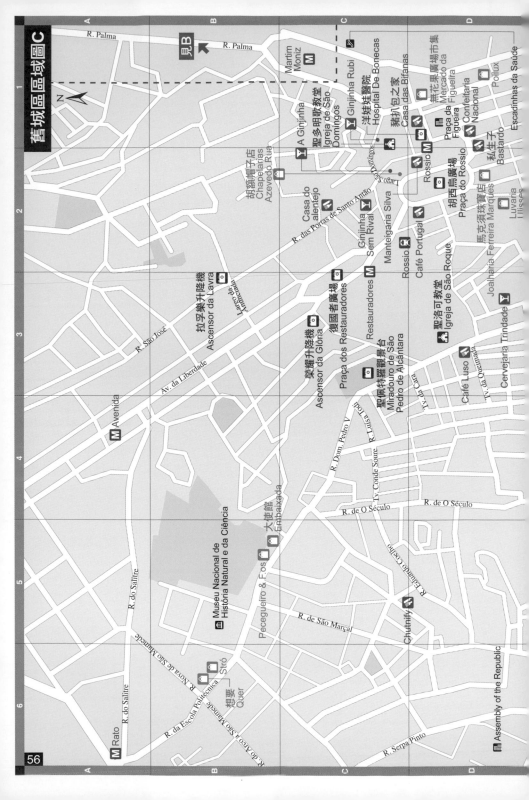

見B

R. Palma
R. Palma

Martim Moniz Ⓜ

Ginjinha Rubi

A Ginjinha Ⓨ

聖多明歌教堂
Igreja de São Domingos

洋娃娃醫院
Hospital De Bonecas

豬扒之家
Casa das Bifanas

無花果廣場市集
Mercado da Figueira

Confeitaria Nacional

Pollux

胡額帽子店
Chapelarias
Azevedo Rua

Praça da Figueira

私生子
Bastardo

Escadinhas da Saúde

Casa do alentejo

Rossio Ⓜ

Luvaria

Ⓜ

R. das Portas de Santo Antão

Ginjinha Sem Rival Ⓨ

胡西烏廣場
Praça do Rossio

馬克須珠寶店
Joalharia Ferreira Marques

Manteigaria Silva

Rossio Ⓜ

Café Portugal

拉孚樂升降機
Ascensor da Lavra

R. São José

Largo da Anunciada

榮耀升降機
Ascensor da Glória

復國者廣場
Praça dos Restauradores

Restauradores Ⓜ

聖洛可教堂
Igreja de São Roque

Café Luso

Cerveraria Trindade Ⓨ

Av. da Liberdade

聖佩特羅觀景台
Miradouro de São Pedro de Alcântara

Tv. da Cara

Tv. da Queimada

Avenida Ⓜ

R. Dom. Pedro V

R. Luísa Todi

R. Luísa

R. Conde Soure

Tv. Conde Soure

R. de O Século

R. de O Século

Museu Nacional de História Natural e da Ciência

大使館
Embaxada

Peceguieiro & Fos

Stró

R. da Queimada

R. do Salitre

R. do Salitre

R. Edmundo Cepão

Chutnify

想要
Quer

R. Nova de São Manede

R. de São Marçal

R. da Escola Politécnica

R. do Arco a São Manede

Rato Ⓜ

R. Serpa Pinto

Assembly of the Republic

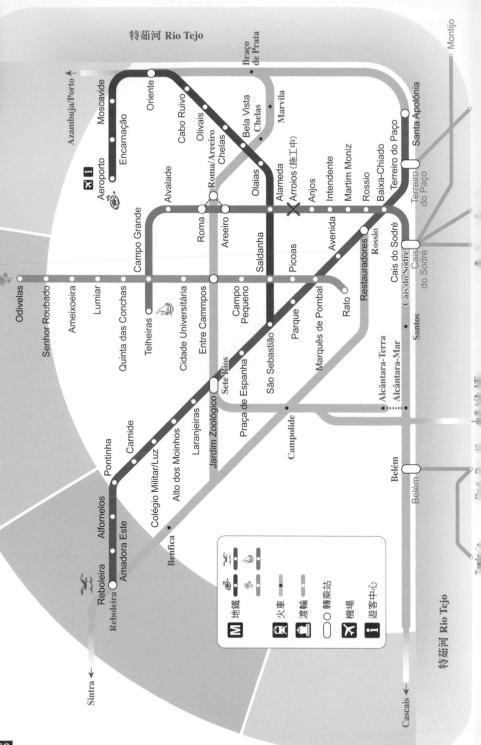

里斯本地鐵圖

特茹河 Rio Tejo

特茹河 Rio Tejo

58

暢遊里斯本的交通方式

···> Let's Go

公車／地鐵／電車／升降梯

里斯本的公車、電車、升降梯是由Carris公司管理,其與里斯本地鐵Metro合作經營的網絡Carris／Metro的viva viagem儲值票卡,可直接從地鐵的自動販賣機或櫃檯購入viva viagem儲值卡加值使用。一般在里斯本市區旅遊的旅客,如果一天會使用4次以上的地鐵、公車、電車,建議直接購入一日票會較方便划算,自第一次使用時間起算24小時。要注意只要儲值卡還有餘額就不能儲Zapping(與其他儲值票卡方式不同),必須再另外購入一張新卡。在公車、電車或升降梯上,亦可以在上車時和司機購買現場單次票,但價格較高。

若計畫除了在里斯本市區外,若也會乘坐火車到辛特拉(Sintra)或卡須凱須(Cascais)的話,可以考慮購買Carris／Metro／CP一日票。若是會到特茹河南岸阿爾瑪達(Almada)等地的話,則也可考慮購買含渡船票的Carris／Metro／Transtejo(Cacilhas)一日票,更多詳細資訊可參考里斯本Metro及Carris官網。

Metro http www.metrolisboa.pt
Carris http www.carris.pt

1~2.里斯本地鐵站和票卡販賣機／3~4.viva viagem有白卡及綠卡,唯一不同的是白卡不能使用在特茹河南岸的獨立地鐵系統Metro Transportes do Sul／5.路面電車和一般公車一樣,在上車時要在黃色的刷卡機上過卡／6~7.里斯本地鐵站各有獨特的風格,亮眼的藍磁與彩磁常讓人駐足欣賞

常用交通票卡價錢(每人)

交通票名稱	價錢
viva viagem 儲值空卡	0.5€
Carris／Metro 儲值單次票 (地鐵／公車／電車之間1小時內可無限轉乘,但地鐵間不可接續搭乘)	1.5€
Carris／Metro 一日票	6.4€
Carris／Metro／Transtejo (Cacilhas) 一日票	9.55€
Carris／Metro／CP 一日票	10.6€
Zapping 定額儲值隨刷扣款的單次地鐵票	1.35€
公車現場購票	2€
電車現場購票	3€
升降梯(Bica／Glória／Lavra)現場購票(含來回)	3.8€
升降梯(Santa Justa)現場購票(含來回)	5.3€

＊資料時有異動,請以官方公告為準

里斯本卡
Lisboa Card

等同於Carris／Metro的24、48或72小時的交通票,再加上各景點免費或享有折扣的觀光票卡,適合想在短時間內參觀很多付費景點的遊客。可以先行在其官網上購入,於里斯本機場或里斯本市區的里斯本遊客中心(Lisbon Welcome Center)直接憑護照跟購買憑證取卡,或是直接在以上的取卡地現場購買。

里斯本卡的價格會依使用的時間不同而異,分別為20€/全日開放、34€/48hr、42€/72hr,旅客可依自己的需要購買。

里斯本卡 http www.lisboacard.org

里斯本卡(圖片提供／Turismo de Lisboa)

里斯本公共腳踏車
Gira

在里斯本有近500個腳踏車站,除了給市區內的每日通勤族使用外,也有10€的一日方案(時常會有優惠,詳情請見官網),只要每次騎乘時間不超過45分鐘,可以在當日無限次使用,非常適合想慢遊的觀光客,只要安裝其APP「Gira Bicicletas de Lisboa」就可以快速使用其服務。除了傳統腳踏車外,在有俗稱「七座山丘」的里斯本,當然也有電動腳踏車可供選擇。

里斯本公共腳踏車 http www.gira-bicicletasdelisboa.pt

里斯本市政府廣場前的Gira公共腳踏車

電動滑板車
Trotinetes Elétricas

里斯本近年進入電動滑板車租用的戰國時期,已有近10家公司成立,與里斯本市政府合作,預期要減少汽車的使用。通常只需下載其APP,輸入信用卡資料,常在0.5或1€就可啟用,每分鐘加計0.1或0.2€不等的使用費,滑板車的停車規範還在討論修改中,目前在07:00～21:00間,18歲以上成年者可租用,只需注意不可停在紅色停車區(Zona Vermelha)。最適合用在代步遊

覽貝倫河濱區及世博公園區,沿路風景優美,地勢平且多為柏油路面。若欲租用建議先至官網了解最新詳情。

在里斯本使用電動滑板車和腳踏車一樣,必須在腳踏車專用道上使用,若騎乘的路線無專用道,請儘可能在車道中靠右行駛,原則上是不可以上人行道的。

停車時偶也應在規定的範圍內停車,切勿停在人行道中央,以不妨礙到行人的用路安全為準。

Lime http www.li.me
Bird http www.bird.co
Circ http circ.com
Hive http www.ridehive.com

以地面標示宣導公共腳踏車與電動滑板車的停車點

電子平台計程車
TVDE

TVDE代表**T**ransporte individual e remunerado de passageiros em **V**eículos **D**escaracterizados a partir de plataforma **E**letrónica,是以使用電子平台所做的個別且有酬之交通運輸。由葡萄牙政府發出特別經營執照給電子平台計程車公司,如最有名的Uber,而執業的司機也都是必須領有審核發行TVDE執照。目前在葡萄牙領TVDE執照的人數已達傳統計程車的一半。路上行駛車輛的後車窗若是有TVDE字樣的執照,即是正在營業的電子平台計程車司機。

電子平台計程車正急速變成當地人外出飲食酒後不開車的日常使用,大部分的TVDE司機亦多能迎合觀光客用英文溝通,服務也較傳統計程車來得親切。以下4家為目前在里斯本的主流TVDE公司:Uber、Bolt、Cabify及Kapten,只要輕鬆下載其APP即可使用。

TVDE公司
Uber http www.uber.com
Bolt http bolt.eu
Cabify http cabify.com
Kapten http www.kapten.com

里斯本處處可見各種電動滑板車

下城區
龐巴爾侯爵下城、索德烈碼頭
Baixa Pombalina, Cais do Sodré

因1755年的大地震全毀，
是在18世紀後半完全重建的一區，
街道筆直充滿新古典風格建築，
為了紀念當時統籌重建的龐巴爾侯爵，亦稱為龐巴爾侯爵下城。
從下城的商業廣場沿著河岸往西即為著名的索德烈碼頭，
充滿美食、夜生活與異國風情。

熱門景點

奧古斯塔街凱旋門
Arco da Rua Augusta

大災難後重新展現葡人堅毅的代表作

✉ Rua Augusta 2, 1100-053 Lisboa │ ☎ (+351)210 998 599 │ 💲 全票3€，5歲以下免費 │ ➡ Metro藍線Terreiro do Paço站旁 │ ⏰ 約0.5小時 │ http www. lisboastorycentre.pt │ ❓ 使用樓梯時由於安全因素控制為單向通行，進入前必須注意是否為綠燈，若是紅燈請按鈕等待綠燈再通行 │ MAP P.57/C2

最能代表里斯本的象徵之一，奧古斯塔街凱旋門可以360度全景眺望里斯本下城區、城堡區，當然還有腳下的商業廣場跟特茹河，經典里斯本景點盡收眼底。2013年起裝設電梯開放遊客利用，接著會有兩段短的旋轉樓梯，分別到鐘樓及最上方頂樓。

建造此凱旋門的計畫始於1759年，原為1755年里斯本大地震災後重建的一部分，但一直到1815年都還是只有柱子跟主體結構完成，沒有雕刻加冕。最後終於在1844年通過了新的建築計畫，在1873年開始建造並在兩年後完成奧古斯塔街凱旋門的現貌。

凱旋門最上方的雕像是由法國雕塑家塞萊斯坦‧阿納托爾‧卡爾梅爾斯(Célestin Anatole Calmels)製作，中間代表的是榮耀(Glória)，正在加冕給天才(Génio)與價值(Valor)。

1.從商業廣場望向凱旋門的經典景觀／2.登上凱旋門頂可居高眺望海景(以上圖片提供／Turismo de Lisboa)

商業廣場
Praça do Comércio
里斯本的大廳

✉ Praça do Comércio, 1100-148 Lisboa ｜ ➡ Metro 藍線Terreiro do Paço站 ｜ ⧖ 約0.5小時 ｜ MAP P.57/C2

原址為葡萄牙國王宮殿前方的廣場，在1755年大地震前的原名是「Terreiro do Paço」，自古可說是接待訪客的大廳，在海權時代，這裡更是充滿著生氣，有著不同膚色、說著不同語言的人們來來去去，當時可是歐洲商業聚焦之地。

在近代，無論是1910年推翻帝制並建立共和的革命、1974年推翻新政府時代(Estado Novo)的康乃馨革命，及至今許多的遊行、文化及音樂節等，這個廣場都扮演了非常重要的角色。在里斯本人的心中，這個廣場就是他們的生活、他們的歷史。

1.廣場中央的雕像國王喬賽一世(D. José I)與他的威風愛馬／**2.**兩側的長廊常有文化活動

知識充電站

廣場建築顏色演變

　　商業廣場的建築其實並不是一直都是黃色！

　　在廣場落成100多年過去後，建築原本的顏色漸漸變得不可考，在1950年廣場建築的修復計畫中，將建築物漆成淡綠色，而1976年的修復中，亦曾一度被漆成粉紅色。

　　一直到90年代的歷史研究計畫中，才確定廣場落成當時周邊建築的確是黃色的，也才奠定了今天的商業廣場可以一直都是「里斯本黃」了。

里斯本故事中心
Lisboa Story Center

了解一個城市必須了解她的故事

✉ Terreiro do Paço 78-81, 1100-148 Lisboa｜☎ (+351)211 941 027｜🕐 10:00～20:00(最後進場19:00)｜💲 全票7€，學生及65歲以上5€，6～15歲3€，6歲以下免費｜🚇 Metro藍線Terreiro do Paço站旁｜⌛ 約1小時｜http www.lisboastorycentre.pt｜❓ 若要同步參觀奧古斯塔街凱旋門，可一併購買套票較划算｜MAP P.57/C1

　　想花一點時間輕鬆地了解里斯本的歷史嗎？這一站絕對不可錯過。可以輕鬆戴著中文的導覽耳機，配合一段段小影片，

　　走進16世紀的葡萄牙船艙，一邊聞著麻布袋傳出來的肉桂香，再繼續往大航海時代前進，體驗里斯本當時閃閃發亮的過去。

　　重頭戲是在一個小型的視聽劇場，放映著描述1755年里斯本大地震的影片，非常令人身歷其境。里斯本的起源及她幾世紀以來所經歷的興衰，在1小時內可以讓人快速體驗。里斯本故事中心就在必去的景點商業廣場上，非常值得順道參觀，可以讓里斯本的旅程更加知性豐富。

1.位於商業廣場長廊下的里斯本故事中心／**2.**一邊聽故事一邊欣賞不同造景(以上圖片提供／Turismo de Lisboa)

里斯本・下城區

商業廣場、里斯本故事中心

聖尼可拉教堂
Igreja de São Nicolau

非常活躍的地區教堂

✉ Rua da Vitória Igreja, 1100-618 Lisboa｜☎ (+351)218 879 549｜🕐 週一～六08:00～23:00，週日10:00～23:30｜💲 免費｜➡ Metro綠線或藍線Baixa-Chiado站出站步行2分鐘｜⏳ 約0.5小時｜🌐 paroquiasaonicolau.pt｜MAP P.57/A2

　　始建於13世紀初，里斯本大地震後全毀，震後被盜的情形嚴重，幾乎沒有能重新整合利用的部分，於隔年開始重建計畫至1850年完成，為龐巴爾侯爵在大地震後重整里斯本的經典風格，融合了新古典(neoclássico)與巴洛克後期(tardo-barroco)風格，只有一個主聖堂及完全對稱的小聖堂。教堂內部天花板的繪畫代表了「信仰、希望與慈善」(Fé, Esperança e Caridade)以及聖尼可拉的生活情景。

1. 聖尼可拉教堂為里斯本主要教堂之一／**2.** 教堂天花板的內部裝飾始終是參觀重點

舊概念教堂
Igreja da Conceição Velha

里斯本第二大曼奴埃爾風格教堂

✉ Rua da Alfândega 108, 1100-585 Lisboa ｜📞 (+351)218 879 549｜🕐週一～五10:00～20:00，週六、日10:00～18:00｜💲免費｜➡Metro綠線或藍線Baixa-Chiado站出站步行8分鐘｜⏳約0.5小時｜ paroquiasaonicolau.pt｜ P.57/B1

16世紀初原整合為熱若尼慕修道院(Mosteiro dos Jerónimos)的一部分(當時教堂原名為Ermida de Nossa Senhora do Restelo)，是里斯本第二重要的曼奴埃爾風格建築。

如同里斯本大部分的建築，受到1755年的大地震重創，之後移址於現址，也就是原本的仁慈教堂(Igreja da Misericórdia)之上，而仁慈教堂則整合進聖洛克教堂(Igreja de São Roque)中。今日看到的祭壇與精巧的天花板雕刻，則是18世紀中之後的作品，這裡又是一個典型因大地震而被迫融合了不同風格的歷史建築。

1.教堂前沒有典型的廣場，卻擁有令人驚嘆的曼奴埃爾風格大門／2.風格主義(Maneirismo)的內部雕刻裝飾

曼奴埃爾建築風格(Estilo Manuelino)

曼奴埃爾建築風格是指葡萄牙在國王曼奴埃爾一世在位間(1495～1521)所發展出來的葡式建築風格，屬於一種特殊的後哥德風格。由於當時的葡萄牙正在其海權發展的黃金時代，此風格代表性的裝飾是渾天儀(Esfera Armilar)、繩子及繩結、各種動植物(特別是海洋生物)，及奇幻生物等。在里斯本，貝倫塔及熱若尼慕修道院即是此風格的代表建築。

在曼奴埃爾式的建築中，你可以看到亞、非、歐和南美的風格並融其中，也因此後人又稱曼奴埃爾風格為「大海風格」。

聖朱斯塔升降機
Elevador de Santa Justa

✉ Rua do Ouro, 1150-060 Lisboa | ☎ (+351)214 138 679 | 🕐 夏季5～10月07:30～23:00，冬季11～4月07:30～21:00，最上層觀景台09:00起開放 | 💲 有里斯本交通卡且有儲值者以等同於里斯本地鐵計算，現場買票來回5.3€ (不含上層觀景台1.5€) | ➡ Metro綠線線及藍線Baixa-Chiado出站步行2分鐘 | ⏳ 0.5小時 | http www.carris.pt | ⁉ 若計畫要搭乘升降機當日建議直接購買viva viagem一日票券較划算 | 🗺 P.57/A3

可到達聖朱斯塔觀景台(Miradouro de Santa Justa)的聖朱斯塔升降機，因有天橋連結了卡爾莫修道院(Convento do Carmo)，也被稱作卡爾莫升降機(Elevador do Carmo)，外觀是鐵製的哥德復興式風格(neogóticos)，內裝的兩個是可各乘載最多29人的升降機。

建造這個升降機的建築師勞爾·梅尼耶·德·龐薩德(Raul Mesnier de Ponsard)，是建造巴黎艾菲爾鐵塔的知名建築師亞歷山大·居斯塔夫·艾菲爾(Alexandre Gustave Eiffel)的學生，這也是他回到家鄉後所建的第一個作品，始建於1900年，兩年後完成，解決了在下城生活的人們非常重要的民生問題：終於不用在酷暑中揮汗爬坡了！

到達升降機上層後，一邊會有天橋連結卡爾莫修道院遺跡，一邊會有收費入口可再往上爬至觀景台，這裡是欣賞胡西烏廣場(Praça do Rossio)最佳的地點。

1.聖朱斯塔升降機是人來人往的下城區地標／**2.**360度一覽無遺的景觀／**3.**下升降梯後需付費走旋轉樓梯上觀景台

知識充電站

哥德復興式風格

哥德藝術是一種源自法國的藝術風格，始於12世紀，直至15世紀文藝復興時代來臨結束。在建築的基本構件是尖拱和肋架拱頂，以來自於比例、光與色彩的美學體驗為其特色，特別是在教堂建築中，藉由通過對光的形而上沉思、通過對數與色的象徵性理解，表達使靈魂擺脫俗世物質的羈絆，迎著神恩之光向著天國飛升。

哥德復興式的建築風格則始於1740年代的英格蘭。19世紀初，當時的主流是新古典式建築，但崇尚哥德式建築風格的人則試圖復興中世紀的建築形式。哥德復興運動對英國以至歐洲大陸，甚至澳洲和美洲產生了重大影響。

瑪德蓮娜教堂
Igreja da Madalena
典型震災後的重建教堂

✉ Largo Madalena 1, 1100-404 Lisboa｜☎ (+351) 21 887 0987｜🕐 週一～五09:00～19:00，週六、日09:00～18:00｜💲免費｜➡ Metro綠線或藍線Baixa-Chiado站出站步行7分鐘｜⏳ 約0.5小時｜🗺 P.57/B1

第一任國王阿方索攻下里斯本後下令興建，於1363年受火災、1755年大地震幾乎全毀，但在災後迅速開始其重建計畫，並於1783年重新開放。

被列為國家遺產的曼奴埃爾風格大門，一直有爭議指出並非原是瑪德

蓮娜教堂的一部分，而是從里斯本其他受災教堂中搬運過來，整合修建而成而成。當時在大地震後的全城混亂中，有教堂因而消失，有教堂重建整合了其他教堂的一部分，似乎是可以理解的。

1.典型大地震災後重建教堂的正面風格／**2.**曼奴埃爾風格大門，上方刻有兩個渾天儀

聖多明歌教堂
Igreja de São Domingos

經歷兩次災難存活下來的教堂

✉ Largo de São Domingos,1150-320 Lisboa | ☎ (+351)213 428 275 | 🕐 07:30～19:00 | 💲 免費 | ➡ Metro綠線Rossio出站步行2分鐘 | ⏳ 0.5小時 | http www.patriarcado-lisboa.pt | ⁉ 彌撒進行時禁止進入參觀 | MAP P.56/C1

　始建於13世紀的葡萄牙國家古蹟，經歷了1755年的里斯本大地震幾乎全毀，重建後又在1954年被大火吞噬，再次重建後，現今聖多明歌教堂主體為17世紀巴洛克風，亦可找到些許16世紀風格主義的痕跡。

　在喧囂的胡西歐廣場旁，外表看似非常不起眼的老教堂，一進到內部頓時安靜祥和，看著明顯受過災難摧殘的重建痕跡，至今仍屹立為里斯本人進行彌撒、受洗、婚禮等儀式，讓人也似乎感受到宗教帶來的堅強與心靈平靜。

1.明顯受過災難重建的痕跡 ／2.聖多明歌教堂位於人來人往的廣場旁／3.在基督像前虔誠祈禱的葡人

榮耀升降機
Ascensor da Glória

街頭藝術之旅

✉Calçada da Glória, 1269-124 Lisboa ｜ ⏰週一～四07:15～23:55，週五07:15～00:25，週六08:45～00:25，週日及國定假日09:15～23:55 ｜ 💲有里斯本交通卡且有儲值者以等同於里斯本地鐵計算，現場買票來回3.7€ ｜ ➡Metro藍線Restauradores站 ｜ ⏳0.5小時 ｜ http www.carris.pt ｜ 🗺P.56/C3

　建於1885年，於1915年改為電力趨動直到今日，連接復國者廣場到高城區的阿爾坎特拉聖彼得觀景台(Miradouro de São Pedro de Alcântara)，榮耀升降機行經的榮耀人行道(Calçada da Glória)是近年來非常受到重視的街頭藝術重地，也有一部分的作品是里斯本市政府贊助的街頭藝廊(Galeria de Arte Urbana)，若是有機會走下坡路線的話，不妨選擇步行可以更近距離觀賞這些作品。

1.沿途的街頭藝術／**2~3.**電車上的塗鴉也同是里斯本風情的一部分

復國者廣場
Praça dos Restauradores

自由大道的南端起點

✉ Praça dos Restauradores, 1250-096 Lisboa | ➡ Metro藍線Restauradores站 | ⏳ 0.5小時 | 🗺 P.56/C3

從這裡往北可視為里斯本新市區,沿著自由大道可到達龐巴爾侯爵地鐵站(Marquês de Pombal)。這個廣場的迷人之處除了有以船鎖鏈為主題的葡式石塊路外,四周更是充滿19世紀以來不同風格的歷史建築,如做為旅客中心的粉紅色外牆建築福茲宮(Palácio Foz)及現為獵戶座伊甸園酒店(Orion Eden Hotel)的古時Eden劇場等。

周圍有許多餐廳、服飾店、咖啡店、紀念品店,廣場底的西邊就是連結下城區和高城區的榮耀升降機,再沿著自由大道往

東北方向走一小段也可到達拉孚樂升降機(Ascensor da Lavra),這裡非常適合作新市區一日遊的起點或終點。

廣場中央是1886年立起的紀念柱,用來紀念1640年葡萄牙從西班牙60年統治下復國,也是此廣場命名由來,紀念柱四周刻下的是戰役相關細節。

1.地板是用石塊鋪成象徵航海時代的經典鎖鏈圖形/**2.**紀念柱底的兩個銅像,一側的女神代表了勝利(O Génio da Vitória),一側具翅膀的戰士形象是自由與獨立(O Génio da Liberdade e da Independência)的象徵

畢卡升降機
Ascensor da Bica
風景佳熱門度滿點

✉ Rua de São Paulo 234, 1200-109 Lisboa | 🕐 週一～六07:00～21:00，週日及國定假日09:00～21:00 | 💲 有里斯本交通卡且有儲值者以等同於里斯本地鐵計算，現場買票來回3.7€ | ➡ Metro綠線Cais do Sodré站步行6分鐘 | ⌛ 0.5小時 | http www.carris.pt | 🗺 P.57/C6

連結碼頭區(Cais do Sodré)及高城區的畢卡升降機，1892年建成，於1914年改為電動至今，是里斯本4座升降機中，唯一擁有美麗河景的熱門升降機，儘管乘坐口有點隱密，白天熱門時段總是會看到排著長隊的觀光客呢。到高城區的終站後，也可以馬上先到旁邊酒吧，點杯飲料坐在階梯上消暑休息一下。

1.通常入口都會看到排隊人龍／2.坐滿人的電車準備出發囉／3~4.電車加上河景更加迷人

拉孚樂升降機
Ascensor da Lavra

里斯本最古老的升降機

✉ Calçada do Lavra, 1150-122 Lisboa │ ◷ 週一～六07:50～19:55，週日及國定假日09:00～19:55 │ $ 有里斯本交通卡且有儲值者以等同於里斯本地鐵計算，現場買票來回3.7€ │ ➡ Metro藍線Restauradores站步行7分鐘 │ ⏱ 0.5小時 │ http www.carris.pt │ MAP P.56/B3

建於1884年，為里斯本4個升降機中完成年代最早的，也是其中遊客相對少的升降機。

由原先的水力重力交替發電，改為蒸氣發動，再於1915年改為電動至今，連結自由大道(Avenide Liberdade)至突瑞觀景台(Miradouro do Torel)。沿途環境較清幽，不同於其他觀光景點，比較能擁有慢遊的悠閒心情。

1.相較其他升降梯，這裡的遊客相對少／2.拉孚樂升降機擁有經典的木製內裝

胡西烏廣場
Praça do Rossio

絕美波浪葡式石塊廣場

✉ Praça Dom Pedro IV, 1100-193 Lisboa │ ➡ Metro綠線Rossio出站步行2分鐘 │ ⏱ 0.5小時 │ MAP P.56/D2

正式名稱為「Praça Dom Pedro IV」，有超過600年的歷史，是里斯本大地震後重建整個下城的北邊界，如今是里斯本市的中心，往北是新大道區，往東是城堡區，往西是高城區，除了是當地人見面相約之處，也總是充滿了觀光客。廣場四周及延伸至一旁的無花果廣場市集有非常多的老店，非常適合做為飲食、逛街半日遊的起點。

1.廣場中心是1870年落成的國王佩特羅四世(Dom Pedro IV)銅像，廣場兩端分別有兩個巴洛克風格的噴泉／2.廣場上時常會有各種節慶活動

洋娃娃醫院
Hospital De Bonecas
見識待娃如人的愛心

✉ Praça da Figueira 7, 1100-240 Lisboa | ☎ (+351)213 428 574 | 🕐 10:00〜19:00(週六至18:00) | 🚫 週日 | 💲 2樓博物館入場2.5€ | ➡ Metro綠線Rossio出站步行1分鐘 | ⏱ 0.5〜1小時 | http hospitaldebonecas.com | MAP P.56/D1

主要是修理各種洋娃娃及販賣其周邊產品的商店，創立於1830年，這家洋娃娃醫院照顧的是和人們一起長大的心愛玩伴，不管哪裡受傷了，到這家醫院總是會讓你最重要的玩伴重新恢復健康！這家店照顧的不僅是一個玩具，甚至可說是在照顧一段感情，看著走進店裡的老奶奶領回她健康的洋娃娃，心裡也暖暖的呢。

店裡販賣所有有關洋娃娃的商品，也可以為洋娃娃特別訂作衣服、假髮、飾品等。擔心這家店是否會因為現代人消費模式不同而消失？這家也是里斯本政府歷史店家保護計畫(Loja com História)中的一員，正是希望能讓它和念舊的里斯本人們一起長長久久。

1.無花果廣場上的小醫院／2〜3.店內也有各種迷你家具跟擺設

旅行小抄

洋娃娃醫院2樓的博物館開放時間是週一〜六10:30〜12:30及15:30〜17:00，單一票價每人2.5€，會有專人解說，建議事先打電話或寫信過去預約，以便直接進入參觀不用等待。

知識充電站
歷史店家保護計畫

里斯本市政府發起的保護歷史店家計畫，在2007年正式被葡萄牙政府以法律保障，政府每年也會編列預算支持這些對文化有特殊貢獻的老店。無論是餐廳、咖啡店、花店、藥房、鞋店、珠寶及衣飾店，只要在店門口看到「Loja com História」的貼紙或金色的小標誌，即是被納入這會計畫當中的店家，每家店都有其獨特的故事，及對葡萄牙文化的貢獻。店家資訊及其故事可以在以下網站找到：

http www.lojascomhistoria.pt

一家老理髮店外的歷史老店小標誌

逛街購物

文青特色紀念品店
小橘子
Clementina

✉ Rua da Madalena 31, 1100-318 Lisboa | 🕐 10:00～19:00 | 💲 手繪小畫作2.5€起 | ➡ Metro 藍線Terreiro do Paço出站步行3分鐘 | ⧗ 約0.5小時 | 🗺 P.57/B1

厭倦總是一成不變的紀念品了嗎？這家「小橘子」是一家難得充滿了文創精神的葡萄牙紀念品小店，打著全店商品都是百分之百葡萄牙製的概念，店主在小小10平方米的店裡集中了許多精心製作的大小畫作、明信片、手工布偶、原創瓷器等，而且價錢也都非常合理，一張純手繪的獨一無二小畫作竟只要2.5€！

旅行的同時，除了能帶走品質好的可愛原創紀念品，也可以支持當地藝術家，不失為一件美好的事。

1~2.小小店面充滿著可愛的原創紀念品／3.粉彩風格的特色公雞陶瓷器

一解亞速人鄉愁
亞速雜貨店
Mercearia dos Açores

✉ Rua da Madalena 115, 1100-319 Lisboa | 📞 (+351)218 880 070 | 🕐 週一～五10:00～19:00，週六10:00～13:00 | 休 週日 | 💲 3~10€ | ➡ Metro 藍線Terreiro do Paço出站步行6分鐘 | ⧗ 約0.5小時 | http mercariadosacores.pt | 🗺 P.57/B1

不同熟成月分的乳酪

大西洋的亞速群島，在葡萄牙人的心目中，向來以新鮮、多樣、品質好的農漁產著名，可說是葡萄牙的「北海道」，且同時因為氣候較溫暖潮溼，除了有熱帶水果外、更有歐洲最古老、也是目前唯一的茶園苟利安娜(Gorreana)，生產各種紅、綠茶。這間食品雜貨店除了讓在里斯本的亞速人(Açorianos)可以一解思鄉之愁外，里斯本人也會光顧採買這些充滿風味的產品，如紅綠茶、乳酪、臘腸、辣醬、各種紅白酒與水果烈酒等，當然不可少的還有各種海鮮罐頭。店內有試食區，提供不少水果酒、乳酪、水果罐頭等，另有想試吃的產品也都可以詢問一下店家。

島上的各種水果酒、果醬、綠茶和紅茶

必去！古色古香的罐頭老店

里斯本罐頭店
Conserveira de Lisboa

✉ Rua dos Bacalhoeiros, 34, 1100-071 Lisboa │ ☎ (+351)218 864 009 │ ⏰ 09:00～19:00 │ 休 週日 │ 💲 2.5€起 │ ➡ Metro藍線Terreiro do Paço出站步行3分鐘 │ ⌛ 0.5小時 │ http www.conserveiradelisboa.pt │ MAP P.57/B1

創立於1930年的老店，進到小小的店內彷彿像坐了時空機一般，回到了它創立時的30年代：有點昏暗的燈光、木製櫃檯擺著滿滿的各種罐頭、骨董收銀機及用來包裝罐頭的紙片和綿繩。

這家老店最有名罐頭系列是Tricana，通常是有完整魚片的大魚，如鮪魚、鱈魚等，也有沙丁魚、章魚、花枝和魚卵；Minor系列則是整尾的小魚罐頭或是魚醬慕絲；Prata do mar系列則主要是前述兩個系列的魚碎片及其魚慕絲醬。這些罐頭也都有不同的口味，如果實在難以決定的話，建議可以先從沙丁魚的橄欖油(Azeite)及番茄(Tomate)兩種基本口味開始。

1.將里斯本市徽上的船改成魚的店徽標誌(遮陽布上)／**2.**店內的骨董收銀機／**3.**擠得水洩不通的小店

趣味禮品及紀念品店

里斯本隊長
Capitão Lisboa

✉ Rua dos Fanqueiros 77, 1100-404 Lisboa │ ☎ (+351)213 467 412 │ ⏰ 10:00～19:30 │ 💲 3～10€ │ ➡ Metro綠線及藍線Baixa - Chiado出站步行5分鐘 │ ⌛ 0.5小時 │ http capitaolisboa.com │ MAP P.57/B2

10幾年前店主開店的原意主要是提供里斯本當地人，來自各地的有趣商品及配件，但因位在老城中心，越來越多的國際觀光客也讓其中一區Made in Portugal(葡萄牙製造)的商品越來越多了！

像是用軟木做成的世界地圖及地球儀、里斯本電車的DIY木製模型、沙丁魚形狀的法製巧克力等等，也有一部分是玩具、手機及平板的配件。這裡的選物原則是「獨特有趣」，光是逛逛也會讓人心情大好。

1~2.溫馨趣味的禮物店

葡萄牙最古老的帽子店

胡額帽子店
Chapelarias Azevedo Rua

✉ Praça D. Pedro IV 69 / 72 / 73, 1100 - 202 Lisboa │ 📞 (+351)213 427 511 │ 🕐 週一～五 09:30～19:00，週六 10:00～14:30 │ 休 週日 │ $ 15€起 │ ➡ Metro綠線Rossio出站步行1分鐘 │ ⏱ 0.5小時 │ http www.azevedorua.pt │ MAP P.56/C2

1886年成立，是葡萄牙最古老的帽子行，同一個家族現傳到第六代，所有帽子都是他們在店內手工製作的，有經典扁帽(Boné)、圓頂硬禮帽(Chapéu de Coco)、經典葡帽(Chapéu à Portuguesa)，至各種巴拿馬草帽(Chapéu Panamá)及別著羽毛的淑女帽，各式各樣通通有，依季節也有不同保暖程度的材質，較特殊具較強風格的設計帽，也都可以在這裡找到。

葡萄牙人戴帽可不只是對老一代人的刻版印象，年輕人也會走進這間老店，和店主互相討論，一再試戴後找出最適合自己的帽子呢！

帽子正可說是讓人整體煥然一新的個性品，大家不妨也可以走進這家店試著找出自己的新風格。除了有帽子外，也有不少手套及圍巾可供搭配。

1.胡額是廣場上兩間店面的其中之一／**2.**櫥窗裡擺著滿滿帽子的歷史名店

在此拍過007龐德電影

馬克須珠寶店
Joalharia Ferreira Marques

✉ Praça D. Pedro IV 7/9, 1100-199 Lisboa │ 📞 (+351)213 423 723 │ 🕐 週一～五10:00～19:30，週六10:00～13:00 │ 休 週日 │ $ 100€以上，視個人預算 │ ➡ Metro綠線Rossio出站步行1分鐘 │ ⏱ 0.5小時 │ http www.joalhariaferreiramarques.pt │ MAP P.56/D2

1926年由波爾圖來的家族在里斯本開業，是胡西烏廣場(Praça do Rossio)中最典型的新藝術風(Arte Nova)建築代表，曾做為在1969年007電影中的場景之一，除了有現代高級鐘錶及珠寶，更有葡萄牙高級銀製餐具，及最能代表葡萄牙北部傳統以金銀絲製作、令人嘆為觀止的精細手工珠寶Filigrana，店家依珠寶特性可提供不同程度的客製化服務，在退稅方面也有專人提供相關服務。

1.令人眼睛為之一亮的華麗鍛鐵門外觀／**2.**保持著和剛開業時一樣大器的內部裝潢

Baixa Pombalina, Cais do Sodré

鬧區中的便利超市 🛍

無花果廣場市集
Mercado da Figueira

✉ Praça da Figueira, 10B, 1100 – 241 Lisboa ｜ ☎ (+351)211 450 650 ｜ 🕐 週一～六08:30～20:00 ｜ 休 週日 ｜ ➡ Metro綠線Rossio出站步行1分鐘 ｜ ⌛ 0.5小時 ｜ http varn.pt/mercado-da-praca-da-figueira ｜ MAP P.56/D1

　　在下城區難得的中型超市，是個可以好好挑選新鮮水果的地方。在1755年存在於無花果廣場的中央市集在里斯本大地震後完全毀損，2013年才重新以復古的方式重現大眾眼前。

　　整家超市從裡到外都鋪上葡式石塊地板，欲重建里斯本過往的市集風情，但賣的東西其實是和一般現代超市一樣，有肉鋪、魚鋪、小型咖啡廳、酒窖等，麻雀雖小五臟俱全！除了做為給當地人購物的一個完整超市外，也有不少小包裝的葡國特色酒類、零食、調味料、各種海鮮罐頭等，可供觀光客做為不錯的紀念品選擇。

1.小小復古風的入口擺著各種新鮮蔬果／2.入內後別有洞天／3.酒窖區很值得一逛，常有試飲，也有很多小包裝紀念酒

家居雜貨及裝飾百貨 🛍

Pollux

✉ Rua dos Fanqueiros 276, 1149-031 Lisboa ｜ ☎ (+351)218 811 200 ｜ 🕐 週一～六10:00～20:00 ｜ 休 週日 ｜ ➡ Metro綠線Rossio出站步行2分鐘 ｜ ⌛ 0.5～1小時 ｜ http www.pollux.pt ｜ MAP P.56/D1

　　1936年開業，曾經的主要業務是將各種產品輸出到葡國前殖民地，在非洲殖民地獨立後，業務才逐漸轉為以國內消費為主。

　　共8層樓的家居生活百貨，各種餐具、廚具、衛浴用品、床單餐巾、園藝工具等應有盡有，其中除了有很多葡製商品，也有許多歐洲其他國家的精品。緊臨一旁的小店面主要是餐飲業相關用品，也有專業廚衣、廚鞋，以商業量販為主，也可零售給一般消費者。

1.占地廣的生活百貨逛起來很舒適／2.頂樓餐廳酒吧Pollux Terrace的風景一絕

縫紉用品街
Rua da Conceição

✉ Rua da Conceição, Lisboa｜🕐 各家不定，通常是10:00～19:00｜休 週日或再加上週六下午及週一｜💲 2€起｜➡ Metro綠線及藍線Baixa-Chiado出站步行3分鐘｜⏳ 0.5小時｜MAP P.57/B2

這條只跨越幾個小街區的Rua da Conceição，竟有著近10家大大小小的縫紉用品店(Retrosaria)，也會同時賣些小珠寶飾品，在葡萄牙還未完全開放時，從其他國家來的珍貴小飾品可是很搶手的呢！

康乃馨革命後自由的80年代是它們的全盛時期，便宜的成衣還未大量進入葡萄牙時，家家戶戶都會到裁縫店購買衣物，也會自己在家縫製些日常用品或做些興趣手工藝品。然而現在，這條街風光不再，存活下來的店家除了靠著里斯本市政府歷史店家計畫的補助及法律，保障店面租約的條件外，靠的就是日漸減少的當地人消費了。

所幸，有越來越多的觀光客對這條街感到興趣，漸漸出現觀光客也到此尋寶，找尋里斯本的老式風情。一個小別針、幾顆別具風格的鈕扣、幾團質地跟顏色特殊的毛線等，或許可以變成里斯本給你的印象紀念喔！

1~2.在91號的Retrosaria Bijou，創業於1915年，經歷了超過百年的政治經濟變遷／**3.**有著最大店面的Retrosaria Nardo，陳列著一盒盒各種顏色式樣的鈕扣及老式收銀機／**4.**小小街區的一邊就有5家頗具歷史的縫紉用品店

美食餐廳

具設計感的大型美食空間
Time Out Market

✉ Avenida 24 de Julho 49, 1200-479 Lisboa | ☎ (+351)213 951 274 | 🕐 週日～三10:00～00:00，週四～六10:00～02:00 | 💲 10～25€ | ➡ Metro綠線Cais do Sodré出站步行1分鐘 | ⌛ 1～1.5小時 | http www.timeoutmarket.com/lisboa | ❓ 盡量避開用餐尖峰時段 | MAP P.57/C5

在里貝拉市場(Mercado da Ribeira)的一側，Time Out Market聚集了里斯本很多的美食餐廳，有任職於米其林餐廳的名廚，如Henrique Sá Pessoa及Alexandre Silva的現代風葡式料理，也有經典葡菜的保證Miguel Castro e Silva和Marlene Vieira主廚帶來的招牌餐廳，這些名廚餐廳都在Time Out Market進去後最裡面的那一排。

若想品嘗伊比利火腿及乳酪的美味就一定要到Manteigaria Silva，點一盤火腿乳酪拼盤，再配上一杯紅酒，絕對是無可抵擋的美味！餐後或是下午茶時間，也一定要到Manteigaria，點杯咖啡再配上里斯本人覺得最好吃的蛋塔！

Time Out Market是個去一次不夠，從早到半夜想吃吃喝喝的時候，總是不會讓人失望的地方。除了有美食外，也時常會有料理烘焙課程，說不定能在餐後順便上一堂葡式蛋塔課呢，出發前可以關注一下他們的網站。

1.Cais do Sodré出站後就可以看到Mercado da Ribeira的入口／2.用餐尖峰時間總是滿滿人潮／3.喜歡烤乳豬的人萬萬不可錯過Henrique Sá Pessoa的乳豬三明治／4.Manteigaria Silva的火腿乳酪拼盤令人大感滿足

葡國鱈魚炸餅之家
Casa Portuguesa do Pastel de Bacalhau

✉ Rua Augusta 106, 1100-053 Lisboa │ ☎ (+351)
916 486 888 │ ⊙ 10:00～22:00 │ $ 5～10€ │ ➡
Metro綠及藍線Baixa-Chiado站步行2分鐘 │ ⧗
0.5～1小時 │ http pasteisdebacalhau.com │ MAP
P.57/B2

名為「葡國鱈魚炸餅之家」，專賣鱈魚
炸餅(Pastel de Bacalhau)，是種用馬鈴薯
及鱈魚乾為主材料，加入洋蔥、香菜等調
味製成的傳統油炸點心。

這家店最大的噱頭是在鱈魚炸餅裡面，
包了葡萄牙本土第一高峰的名乳酪——
Queijo de Serra da Estrela，所有賣出的炸

餅都是熱騰騰的，儘管價錢偏高且有專營
觀光客的氣氛，但考慮到炸餅的大小、製
作品質、現炸到口還熱呼呼的新鮮度，在
舊城逛街若是下午有點餓的時候，非常值
得一試。

1.店家開在觀光人潮洶湧的奧古斯塔街／2.重金完美
裝潢的亮麗店面／3.現場表演用湯匙現作Pastel de
Bacalhau／4.中間包著熱騰騰的乳酪要小心燙口

買乳酪火腿的第一選擇
Manteigaria Silva

✉ Rua Dom Antão De Almada 1 C/D, 1100-197 Lisboa │ ☎ (+351)213 424 905 │ ◷ 週一～六 09:00～19:30 │ 休 週日 │ $ 5～10€ │ ➡ Metro綠線Rossio站步行1分鐘 │ ⏱ 0.5小時 │ http www.manteigariasilva.pt │ ❓ 在Time Our Market及Bairro do Avillez也有賣點，有座位比較舒適 │ MAP P.56/D2

　　早在1890年，這家Manteigaria老店就已存在，在1922年易主後正式有了Manteigaria Silva的名稱。Manteigaria在葡文的原意是「賣奶油的地方」，當時的奶油是整批整批從亞速群島進到葡萄牙本土，在Manteigaria一般消費可以秤重零買，也是在這裡可以買到牛奶的衍生產品，如乳酪等。

　　這家Manteigaria現在有和旁邊的肉鋪合併開始高級火腿和臘腸的生意，也賣起鹽漬鱈魚乾，甚至再加入酒、高級調味品等

產品，變成現在里斯本人所熟悉的樣子。許多里斯本人延續了他們爺爺奶奶的偏好，也都會到這裡消費，買他們一直以來熟悉的，有品質的好產品。

1.可以直接購買切好的火腿片和乳酪條，加上杯紅酒到店外的酒桶上，直接就站著大快朵頤／2～3.不同種類、熟成度的火腿、臘腸和乳酪，特別推薦一定要試試充滿油花且入口即化的黑豬火腿 (Presunto de Porco Preto)

鬧中取靜的現代葡菜餐廳
Café Portugal

✉ Praça D. Pedro IV 59, 1100-200 Lisboa │ ☎ (+351) 213 400 380 │ ◷ 12:00～23:00 │ $ 20～25€ │ ➡ Metro綠線Rossio站步行3分鐘 │ ⏱ 1～1.5小時 │ http www.mystoryhotels.com/mystoryrossio/m/cafe-portugal.html │ MAP P.56/D2

　　由於Rossio火車站旁「胡西烏我的故事酒店」(My Story Hotel Rossio)的進駐，重新活化了當地商圈，也讓曾經風光30年的Café Portugal再次重獲新生。餐點是帶著現代感的傳統葡菜，層次多、風味佳，坐在餐廳所在的2樓窗邊，可以好好放鬆地邊享用美味餐點，邊看著人來人往的廣場。

1.古典浪漫混搭工業風的用餐環境／2.帶點現代味的傳統葡式餐點／3.修道院甜點拼盤

Confeitaria Nacional

✉ Praça da Figueira 18B, 1100-241 Lisboa | ☎ (+351)213 424 470 | 🕐 08:00～22:00 | 💲 3～20€ | ➡ Metro綠線Rossio站步行1分鐘 | ⌛ 0.5～1小時 | http confeitarianacional.com | MAP P.56/D1

自1829年由同一個家族營業至今，是里斯本最古老的糕餅店，以提供法國巴黎式的高級甜品自居，家喻戶曉在新年食用的國王蛋糕亦是19世紀後半由這家店店主的兒子至法國巴黎取經後，在1870年正式在里斯本販賣，並進而讓吃國王蛋糕成為葡萄牙全國的新年傳統。

據說他們製作的糕點配方都是自19世紀時一直保持到現在，可以吃到各種懷舊口味的法式甜點。這裡除了是有名的糕點店外，每日中午也都有實惠的葡式套餐，讓人可以在有凡爾賽宮般氣氛的法式環境用餐。

1.店家位於無花果廣場上的要角／**2~4.**店內對於裝潢細節很講究，讓人彷彿身在老巴黎／**5~6.**就是要來點甜點和咖啡

無敵櫻桃酒老店
Ginjinha Sem Rival 🍸

✉ Rua das Portas de Santo Antão 7, 1150-268 Lisboa | ☎ (+351)213 468 231 | ⏰ 07:00～00:00 | 💲 2€起 | ➡ Metro綠線Rossio站步行2分鐘 | ⏳ 0.5小時 | 🗺 P.56/C2

成立於19世紀末，至今仍由同一家族經營，除了有用酸櫻桃(Ginja)釀成的利口酒(Ginjinha)外，也有用紅醋栗(Groselha)及鐵線蕨(Capilé)等釀的多種不同口味利口酒，其中最有名的小丑招牌利口酒「Eduardino」則是在20世紀初為了紀念一位常客所創立的口味，除了用酸櫻桃外，也加入了其他種櫻桃及八角調味，據說當時這位常客小丑總是會在表演前來喝一杯激發靈感，表演結束後也來上一杯放輕鬆。

在他們經營的酸櫻桃利口酒標上寫著「本店從未參與國內或國外的競賽」(Esta casa nunca concorreu a nenhuma exposição nacional nem estrangeira)，可說是符合店名，真正的無敵(Sem Rival)啊！

1.小小的利口酒店鋪／2.第三代店主

當地常客較多的紅寶石櫻桃酒吧
Ginjinha Rubi 🍸

✉ Rua Barros Queirós 27, 1100-076 Lisboa | ☎ (+351)213 463 264 | ⏰ 07:00～00:00 | 💲 2€起 | ➡ Metro綠線Rossio站步行2分鐘 | ⏳ 0.5小時 | 🗺 P.56/C1

進到這家店最令人驚嘆的是牆面上的磁磚畫，為「櫻桃酒黃金三角」之一的這家紅寶石櫻桃酒店家，成立於1930年代，號稱用的是歐畢杜須地區的酸櫻桃，在里斯本Arroios地區手工製作的。除了櫻桃利口酒外，也同時也有賣咖啡跟其他小零食。

1.態度親切，帶點自豪的店主／2~3.邊喝酒可以邊欣賞牆面上的飲酒磁磚畫

✉ Largo de São Domingos 8, 1100-201 Lisboa | ☎
(+351)218 145 374 | ⏰ 09:00～22:00 | 💲 2€起 |
➡ Metro綠線Rossio站步行2分鐘 | ⌛ 0.5小時 |
MAP P.56/C2

提到在里斯本喝櫻桃酒，就絕不可錯過這家A Ginjinha，除了有眾多當地老客戶，也有非常多觀光客特地來此朝聖，門口時常大排長龍。

成立於1840年，其櫻桃酒Espinheira曾拿過國際金牌的，是葡萄牙最大的櫻桃酒製造商。這裡的櫻桃酒酒精含量很高且帶著肉桂香氣，主要供應國內需求，也有部分外銷到美國，酒廠位於里斯本北邊的Arruda dos Vinhos。

總是看到人們回答時的猶豫「要加它們還是不加它們呢？」(Com elas ou sem elas?)這是因為酸櫻桃本身偏苦澀，許多當地人並不喜歡加，店家基本上都會詢問，沒吃過的人還是建議可以試試體驗，點酒前記得先想好要不要在酒杯內放櫻桃喔！

1.店外總是聚著拿著櫻桃酒喝的人群／**2.**櫃檯後的牆面上，寫著拿到國際金牌的事蹟

✉ Praça da Figueira 7, 1100-240 Lisboa | ☎
(+351)213 422 194 | ⏰ 週一～六06:30～00:00 |
休 週日 | 💲 3～10€ | ➡ Metro綠線Rossio站步行1分鐘 | ⌛ 0.5～1小時 | ❓ 用餐尖峰時刻無座位的話可在櫃檯立食 | MAP P.56/D1

無花果廣場最熱門的傳統速食餐廳，一份豬扒包加一碗當日湯品(Sopa do Dia)，再配上一杯啤酒，少少幾歐元的花費可以吃得很飽！

除了非常多當地人，也有很多觀光客入內大啖豬扒包，有經典的大鍋煮口味，也有裹粉炸的豬扒(Bifana Panada)可以選擇，豬扒量多又多汁，果然有專賣店的氣度，怪不得這裡總是門庭若市。每天的限量當日湯品，也常是料多實在，令人驚喜。

1.豬扒包一定要配上黃芥茉醬才對味／**2~3.**餐廳內外都有座位，也可在櫃檯立食

Baixa Pombalina, Cais do Sodré

時尚餐廳酒吧
Bohemio da Ribeira

✉ Travessa Carvalho 27, 1200-097 Lisboa | ☎ (+351)213 471 684 | ⏰ 週一～六12:30～15:00、19:30～23:30 | 休 週一 | 💲 15～25€ | ➡ Metro 綠線Cais do Sodré站步行3分鐘 | ⏳ 1～1.5小時 | MAP P.57/C6

位在有名的Time Out Market後方巷子裡，中餐時間不想人擠人，要悠閒安靜地享用美食，到這裡就對了！

除了有各式調酒，餐點更是美味，有香煎鮮鱈魚排、有充滿濃郁蝦膏、香氣四溢的義人利麵、有將各部位煎得恰到好處的牛排，每道入口都是大大滿足，餐後甜點也是充滿層次的美味組合。

非常推薦想要放慢腳步，慢食一套美味午餐的人到這裡用餐，在肚子得到滿足，心靈也在休息之後，又可以再次出發，欣賞里斯本的耀眼景色。

1.木質調性使人放鬆愉快的時尚用餐環境／2.等待上菜的時候先來點麵包和飲料／3~4.主餐魚鮮蝦香一上菜就令人食指大動

Café Janis

✉ Rua Moeda 1A, 1200-109 Lisboa │ ☎ (+351) 213 420 971 │ ⏰ 週一、二08:00～18:30，週三～日08:00～00:00 │ 💲 10～15€ │ ➡ Metro綠線Cais do Sodré站步行4分鐘 │ ⏳ 1～1.5小時 │ 🌐 janislisboa.com │ 🗺 P.57/C6

　　咖啡廳、餐廳、酒吧三合一是這家Café Janis的特色，從早餐咖啡廳到半夜的酒吧，位於人來人往的索德烈碼頭區，畢卡纜車也在不遠處，地點方便度沒話說。

　　老板是曾旅居巴黎的比利時人，因為想念隨時都可以走進去吃點東西喝飲料的巴黎咖啡館，就這樣將這家咖啡館布置得和巴黎一樣，更加入許多巧思和綠意。在這裡有很多素食餐點可以選擇，也可以喝到非常特別的葡萄牙手工啤酒，絕對大勝葡國啤酒兩巨頭Super Bock跟Sagres啦！

1.非常令人放鬆的環境／2.隨時都可以吃到簡單又美味的餐點

私生子
Bastardo

✉ Rua da Betesga 3, 1100-422 Lisboa │ ☎ (+351) 213 240 993 │ ⏰ 12:30～15:00、18:00～22:30 │ 💲 15～25€ │ ➡ Metro綠線Rossio站步行1分鐘 │ ⏳ 1～1.5小時 │ 🌐 restaurantebastardo.com │ 🗺 P.56/D1

　　位於無花果廣場上的餐廳。廣場上立著紀念國王久旺一世(D. João I)的騎馬銅像，久旺一世也正是葡萄牙歷史上有名的私生子國王。這家餐廳提供的就是料理上的「私生子」，以葡式料理為本，加入許多異國材料與創意料理手法，看菜名覺得是一般經典葡菜，但其實每道菜都有驚喜！

　　服務生在上菜時，會一一介紹盤中的材料及作法，老菜的創意新作，味道和口感都更加升級。來到這裡會對葡式料理有新的看法，和不同文化食材融合後更有趣！

1~2.經典黑豬肉及烤章魚，料理手法細緻再配上獨特的水果蔬菜，給人耳目一新的味覺／3.現代感清爽內裝，坐在窗邊的位子更是愉快

歷史建築中吃平價葡菜
Casa do alentejo

✉ Rua das Portas de Santo Antão 58, 1150-062 Lisboa │ 📞 (+351)213 405 140 │ 🕐 12:00～23:00 │ 💲 10～20€ │ ➡ Metro綠線Rossio站步行3分鐘 │ 🕐 1～1.5小時 │ http casadoalentejo.com.pt │ 🈂 服務費非含在帳單內，沒有規定百分比，依個人意願給小費即可 │ MAP P.56/C2

於1912年成立，原本是類似阿連特茹地區在里斯本的移民同鄉會，在此舉辦藝文活動，推廣及保存阿連特茹文化，因此常有新書發表會、音樂會、研討會及演講等活動。

所在建築原建於17世紀，但在20世紀初有相當大規模的重建改造。在此附設的餐廳有兩個令人驚嘆的磁磚主廳，其中一個是帶著法國路易十六風格的華麗鏡廳，店內消費多以非常平易近人的價位，就可以在這樣充滿風情的環境下用餐，餐點只要還在中上品質，其實就非常超值了啊！

❸

①

②

④

⑤

1.摩爾風格的中庭／2.餐廳內的四周牆壁上皆為17世紀的藍瓷／3.排骨配燉麵包廣受歡迎／4.經典阿連特茹蝦燉飯／5.來此一定要嘗嘗角鯊湯

高城區
高城、希阿都、
皇家王子、卡塔麗娜
Bairro Alto, Chiado,
Príncipe Real, Catarina

因地勢較高而得名的高城區，
是舊城區中酒吧及小餐館的聚集地，入夜後更是熱鬧。
往東聯結著許多歷史老店的舊時民生商業中心希阿都，
往北則可探訪舊住宅轉商業觀光的皇家王子，
往南至索德烈碼頭間即是卡塔麗娜，
各自子然不同的風格，各有趣味。

熱門景點

賈梅士廣場
Praça Luís de Camões

紀念葡國最重要的詩人

✉ Largo Luís de Camões, 1200-243 Lisboa | ➡ Metro綠線及藍線Baixa-Chiado出站步行1分鐘 | ⌛ 0.5小時 | MAP P.57/B4

2

3

位於希阿都與高城交界處的賈梅士廣場，一直以來都是許多里斯本人晚上見面相約之處，也是28號電車的停靠點之一，是人來人往、非常熱鬧的舊城中心廣場。

廣場中間立著1867年完工至今的愛國詩人賈梅士銅像，銅像下亦圍繞著8個對葡國文學貢獻者的小雕像。銅像四周有以石板鋪成的帆船及美人魚等形象，是基於史詩般的賈梅士作品《盧濟塔尼亞人之歌》(Os Lusíadas)而來。

1

1.冬天早上清爽舒心的賈梅士廣場／2~3.石塊鋪成、象徵航海意像的圖案

卡爾莫修道院遺跡
Ruínas do antigo Convento do Carmo

感受里斯本大地震的衝擊

✉ Largo do Carmo, 1200-092 Lisboa | ☎ (+351) 213 460 473 | 🕐 週一～六，5～10月10:00～19:00，11～4月10:00～18:00 | 休 週日 | 💲 全票 4€，學生及65歲以上3€，14歲以下免費 | ➡ Metro綠線及藍線Baixa-Chiado出站步行4分鐘 | ⌛ 0.5小時 | http museuarqueologicodocarmo.pt | MAP P.57/A3

斷壁殘垣提醒著人們不要忘記1755年這段重寫里斯本的天災

　為慶祝14世紀末抵抗西班牙卡斯特拉王朝(Castela)入侵葡萄牙戰役的成功，當時的軍事統領努諾·阿爾瓦勒須·佩雷拉(D. Nuno Álvares Pereira)下令建造，和巴塔利亞修道院(Mosteiro da Batalha)相互呼應。

　1423年完工，在1755年的大地震之前，曾是里斯本三個世紀以來最大的哥德式建築，教堂主體就有70公尺長，18世紀末瑪麗亞皇后(D. Maria I)執政時，曾一度想將它修復，但礙於經費不足而停工。

　現位於卡爾莫修道院遺跡的卡爾莫考古博物館(Museu Arqueológico do Carmo)是葡萄牙第一座考古博物館，成立於1896年，做為一個見證歷史之地，常用來舉辦音樂會、燈光表演等藝文活動。

聖卡塔麗娜觀景台
Miradouro de Santa Catarina

近距離賞特茹河景

✉ Rua de Santa Catarina, 1200-012 Lisboa | 🕐 全日開放 | 💲 免費 | ➡ Metro綠線Baixa-Chiado出站步行8分鐘，或從搭乘畢卡升降機至Largo do Calhariz再步行4分鐘 | ⌛ 0.5小時 | MAP P.57/B6

有餐廳及咖啡亭，可以歇腳休息，補充點能量

　又稱「Miradouro de Adamastor」，是離索德烈碼頭最近的制高景觀點，16～18世紀，這裡就是里斯本觀看各地來來往往的船隻最佳的地方。

　在19世紀初葡萄牙皇室坐船逃亡巴西時，留在里斯本哪都去不了的平民百姓們更留下來「Ver navios do alto de Santa Catarina」(從聖卡塔麗娜的制高點看著船離去)這句俗語。近距離面對著特茹河，是拍攝4月25日大橋極佳的位置。

聖洛可教堂
Igreja de São Roque
金壁輝煌的巴洛克風教堂

✉ Largo Trindade Coelho, 1200-470 Lisboa │ ☎
(+351)213 428 275 │ ⏰ 07:30～19:00 │ 💲 免費 │
➡ Metro綠線Rossio出站步行2分鐘 │ ⏳ 0.5小時 │
http www.patriarcado-lisboa.pt │ ⓘ 彌撒進行時禁止
進入參觀 │ MAP P.56/D3

若是想以欣賞藝術的角度出發，聖洛可教堂可說是里斯本第一，也是難得未受到1755年大地震災害的教堂。

教堂內有一個主禮拜堂及9個側小聖堂(Capela)，每個都有其獨特的裝飾。始建於1506年，國王曼奴埃爾一世下令建造這座教堂，期望能保護他的人民免受瘟疫之苦，聖洛可(São Roque)正是瘟疫的保護聖人，而教堂當時位在城堡外偏郊、埋葬因瘟疫死去之人的公墓旁。

9個小聖堂中，最值得一提的是聖久旺‧巴提許塔小聖堂(Capela de São João Baptista)，是國王久旺五世(D. João V)，為提高他的君威及向其他各國展現葡萄牙的國力，在1740年向羅馬教皇的建築師下訂建造的。完成後也得到當時教皇的聖化，所有組成禮拜堂的部分都從羅馬運到里斯本再一一組裝，結構之複雜，還另製作了一個模型以便比對組裝，若是對細節有興趣的話，可前往教堂旁邊的聖洛可博物館(Museu de São Roque)。

1.義大利進口並有教皇加持的聖久旺‧巴提許塔小聖堂／**2.**教堂內部非常廣敞／**3.**胡西烏火車站的後方，再往上爬一段就會到教堂所在地

聖佩特羅觀景台
Miradouro de São Pedro de Alcântara

羅馬風格噴泉廣場

✉ Rua de São Pedro de Alcântara, 1200-470 Lisboa | 🕐 全日開放 | 💲 免費 | ➡ Metro綠線Baixa-Chiado出站步行8分鐘，或從復國者廣場搭乘榮耀升降梯直達觀景台 | ⏳ 0.5小時 | MAP P.56/C3

　　面對著城堡的絕佳觀景台，視野非常開闊，界於高城與下城間，無論是步行或是搭乘升降機都十分便利。

　　公園的噴泉、長椅與滿滿樹蔭，無論什麼時候去都讓人心情舒暢，特別是在夕陽西下時，看著遠處的城堡在鵝黃昏暗的光線漸漸淡去在視線裡，又慢慢地被舊城區

家家戶戶的燈火點亮的夜晚，里斯本入夜後的迷人風采不可言喻。一旁就是高城的酒吧及餐廳區，這裡也常是里斯本人餐前碰面，或是餐後散步的地方。

1.非常開闊的花園觀景台，也時常會有藝術表演／
2.視野遼闊的觀景台，可遠眺阿發瑪區的城市風光

公園中的雕像

　　上方的半身像是作家兼記者，同時是葡萄牙指標報社《Diário de Notícias》創辦人Eduardo Coelho，下方則是在街上叫賣報紙的小販(Ardina)，兩個紀念像在1904年落成。

　　19世紀中以後，報紙印刷開始風行，至20世紀前半的里斯本街頭常會有小男孩赤著腳戴著帽，手上拿一疊報紙叫賣或是主動上前找尋顧客，大部分是外地來里斯本謀生、家境貧困的孩子。到了60年代後，街上叫賣報紙的小販幾已不存在。

里斯本許多的舊時回憶，常會在某個角落提醒著人們

Bairro Alto, Chiado, Príncipe Real, Catarina

逛 街 購 物

近百年手套名店
Luvaria Ulisses

✉ Rua do Carmo 87A, 1200-093 Lisboa | ☎ (+351) 213 420 295 | 🕐 週一〜六10:00〜19:00 | 休 週日 | 💲 50〜100€ | ➡ Metro綠線及藍線Baixa-Chiado出站步行2分鐘 | ⌛ 0.5小時 | http www.luvariaulisses.com | MAP P.56/D2

創立於1925年，是葡萄牙最後一家手套專賣老店，只有4平方米的迷你店家，維持著開店之初的製作方式，手套顏色的選擇豐富，設計歷久彌新，共有7種尺寸，每位紳士或淑女都可以找到合手的手套，且這裡售出的手套可都是終身免費保固的喔！

1.一不小心就會錯過的迷你店面(圖左)／**2.**經典女士款式

葡萄牙第二古老的書店
菲林書店
Livraria Ferin

✉ Rua Nova do Almada 72,1249-098 Lisboa | ☎ (+351)213 424 422 | 🕐 週一〜五10:00〜20:00，週六10:00〜19:00 | 休 週一 | 💲 參觀免費，書本定價約5〜20€ | ➡ Metro綠線及藍線Baixa-Chiado出站步行2分鐘 | ⌛ 0.5小時 | http ferin.pt | MAP P.57/B3

比利時家族Ferin因拿破崙戰爭來到葡萄牙，在1840年創立的書店，為葡萄牙第二古老的書店，做為當時在葡萄牙的法國人及比利時人密切交流的場合。有非常多的古書、法文書、美術及歷史相關書籍。在地下室更有以葡式石磚地鋪成的場地，常用來做為作家的新書發表會之用。

1.門口常見新書發表會的訊息／**2.**地下1樓難得一見的葡式石磚地及老式排版印刷的展示／**3.**陳列許多古書及外文書籍

里斯本・高城區

聖佩特羅觀景台、逛街購物

Casa Pereira

✉ Rua Garrett 38, 1200-028 Lisboa | ☎ (+351) 213 426 694 | 🕐 週一～六09:30～18:30 | 休 週日 | 💲 糖果餅乾1～5€ | ➡ Metro綠線及藍線 Baixa-Chiado出站步行2分鐘 | ⏱ 0.5小時 | 🗺 P.57/A3

　　1930年創業的歷史老店，至今仍是家族商店，店員穿著一樣的灰色制服，它構成了希阿都區很大一部分的歷史。店內陳列著各種包裝充滿濃濃懷舊感的餅乾，如Bolachas da Paupério，還有一直以來受人們喜愛的柳橙巧克力(Chocolates com Laranja)，時不時店內後方還會傳來磨咖啡豆的陣陣香氣。

　　除了各種散裝的糖果、巧克力、茶、咖啡豆，酒的種類(特別是波多酒)也很多。當Perreira老爺爺上前問「Diga, menino(a), o que vai ser?」(說吧，孩子，想要來點什麼?)的時候，可不要害羞喔!

具歷史感但乾淨整齊的商品陳列

A Carioca

✉ Rua da Misericórdia 9, 1200-270 Lisboa | ☎ (+351)213 420 377 | 🕐 週一～五09:00～19:00，週六09:00～13:00 | 休 週日 | 💲 5～15€ | ➡ Metro綠線及藍線Baixa-Chiado出站步行2分鐘 | ⏱ 0.5小時 | 🗺 P.57/A4

　　走進這家店彷彿來到30、40年代的里斯本，體驗在沒有超市的當時，想買咖啡、茶跟巧克力回家自己沖泡的氛圍，來這裡就沒錯，至今仍有許多忠實老客戶。他們的咖啡是天使區(Anjos)的奈及麗塔(Negrita)咖啡烘焙廠所提供，有不同的混合咖啡，如「Arábica Timor」、「Carioca」、「Expresso」、「Presidente」和「Tavares」，秤重販賣。

　　這家歷史小店裡，保留了許多當時蔚為風潮的中國風壁櫃，且多是用來裝茶葉使用。店內同時也有泡咖啡和茶的各種用具，不過，當時的巧克力及巧克力飲品則多被現代包裝的巧克力取代了。

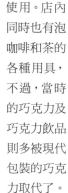

1.店外一覽／2.店內櫃檯擺放著專業的磨豆機及秤重機／3.充滿歷史感的中國風壁櫃

手工磁磚及瓷器製作老店
Sant'Anna

✉ Rua do Alecrim 95, 1200-015 Lisboa │ ☎
(+351)213 422 537 │ ⏰ 週一～六09:30～19:00 │
休 週日 │ 💲 花磚3～20€ │ ➡ Metro綠線及藍線
Baixa-Chiado出站步行2分鐘 │ ⏳ 0.5小時 │ http
www.santanna.com.pt │ ⁉ 此店主要為展示用，大
件商品必須訂作 │ MAP P.57/B4

　　創立於1741年的手工陶瓷器老店，除
了經典陶瓷食器外，他們的強項是裝飾
磁磚，葡萄牙及巴西的許多地方都有用
其磁磚裝飾的牆面作品，里斯本Campo
Grande地鐵站內的磁磚藝術也是出自
Sant'Anna。

　　除了有古航海圖、里斯本地圖，連門牌
也都可以客製化訂作，所有的作品都是獨

一無二。以客製門牌磁磚為例，通常10天
左右可完成，店家通英文且提供海外郵寄
的服務。在他們位於貝倫區的工廠Fábrica
Sant'Anna則提供導覽及手繪磁磚的活
動，原則上以團體10人以上為主，可洽店
家詢問及預約。

1.不是很起眼的入口，入內後通常是不能拍照的／
2~3.各種手繪磁磚及瓷器／4.繪製古航海帆船的磁
磚／5.以里斯本大地震前的古街景為主題的磁磚藝術

D'orey Tiles

✉ Rua do Alecrim, 68, 1200-018 Lisboa | ☎ (+351)213 430 232 | ◷ 週一～六10:00～20:00 | 休 週日 | $ 花磚3～20€ | ➡ Metro綠線及藍線Baixa - Chiado出站步行2分鐘 | ⏳ 0.5小時 | http doreytiles.pt | MAP P.57/B4

從15世紀的骨董葡式磁磚，到21世紀的設計家藝術磁磚，通通都在這家葡式磁磚專門店可以找到。一塊16世紀畫著大航海時代環球儀的骨董磁磚，可以要價400€以上，18世紀後大量生產的藍白磁磚價格則會親切很多，當然也有15€左右紀念品形式的當代藝術家畫磚。

逛一圈這家店，彷彿就像是走過磁磚5個世紀的歷史演進，在這裡可以買到從博物館裡帶不走、有著葡國歷史靈魂的磁磚喔！

1.店內像是從現代到大航海時代的磁磚博物館／2.15、16世紀的骨董磁磚

CNM(Companhia Nacional De M sica)

✉ Rua Nova do Almada 60, 1200-289 Lisboa | ☎ (+351)213 420 918 | ◷ 週一～六10:00～20:00 | 休 週日 | $ 5～15€ | ➡ Metro綠線及藍線Baixa - Chiado出站步行2分鐘 | ⏳ 0.5小時 | http www.cnmusica.com | MAP P.57/B3

對葡萄牙傳統音樂發展非常重要的國家音樂公司CNM，除有大量廣為人知的法朵音樂外，也有葡萄牙吉他音樂，以及和法朵同被列為世界無形文化遺產的阿連特茹合唱歌謠等。

店主十分親切，可經由他的介紹了解更多關於葡萄牙音樂的歷史，除了製作給行家的專業音樂，他們也製作了很多給觀光客入門的葡萄牙傳統音樂CD合集，一片充滿葡味的CD，也是很好的紀念品。

1.沒有過多裝飾的店門口，卻散發著濃厚的音樂氛圍／2.葡萄牙傳統吉他／3.兩層樓的空間擺放著各式葡萄牙音樂

首創論斤賣的陶瓷器店
Cerâmicas na Linha

✉ Rua Capelo 16, 1200-087 Lisboa | 📞 (+351)215 984 813 | 🕐 週一～五10:00～20:00，週日12:00～20:00 | 💲 依區每公斤5～10€ | ➡ Metro綠線及藍線Baixa-Chiado出站步行2分鐘 | ⌛ 0.5小時 | http www.ceramicasnalinha.pt | ❓ 想確定商品價錢可請商家先幫忙秤重 | MAP P.57/B3

　　這家店論斤賣陶瓷器的概念實在非常有趣，商品會按區域訂每公斤不同價錢，也有的區域是按件各別計費。

　　每個商品都是葡萄牙本土手工自製，多為簡潔有設計感，有很多不同的質地跟花樣，就算是同一款每個也都有點不一樣，圓盤沒那麼圓，碗也不太對稱，但這就是可愛的地方啊！

　　無論是傳統葡式、英式午茶、日式簡潔風的器具，都可以在這裡找到，喜歡喝咖啡的人，更可以帶組每個都獨一無二的咖啡杯盤回去做紀念。

1.店門口／**2.**各種質感形狀的杯盤。應該可以找到喜歡，帶回去也容易使用的紀念品／**3.**窗明几淨的空間，逛起來很舒服

歷史悠久的蠟燭名店
Caza das Vellas Loreto

✉ Rua do Loreto 53, 1200-086 Lisboa | 📞 (+351) 213 425 387 | 🕐 週一～五09:00～19:00，週六09:00～13:00 | 休 週日 | ➡ 搭乘Bica升降機至Largo Calhariz站步行2分鐘 | ⌛ 0.5小時 | http cazavellasloreto.com.pt | MAP P.57/B5

　　創始於1789年，在那個還以蠟燭做為主要照明的時代，這家小小的蠟燭店就這樣支持著人們的生活，點亮里斯本大街小巷。

　　從古至今，蠟燭都是天主教不可以或缺的重要用品，在教堂裡許多儀式都會用到大、小型的典禮蠟燭，常會用在結婚、受洗、特殊節日等，而一般葡人用的生日、婚慶蠟燭，及許多精美到令人嘖舌的裝飾蠟燭，和越來越受歡迎的香氛蠟燭等，都可以在這家看似小小的蠟燭名店中找到，店櫃檯的後面倉庫可是有座寶山呢。

　　喜愛蠟燭的人一定會流連忘返，無論想要什麼形狀色調都可以詢問店家，萬一真的沒有，純手工訂作也是可能的喔！

色彩豐富的造形蠟燭，做為禮品非常受歡迎

重新賦予歷史建築的現代消費新生命 🛍

大使館
Embaixada

✉ Praça do Príncipe Real 26, 1250-184 Lisboa │
📞 (+351)965 309 154 │ 🕐 週一～六12:30～
02:00，週日11:00～00:00 │ 💲 視個人預算 │ ➡
Metro黃線Rato站步行9分鐘 │ ⏳ 0.5～1小時 │ http
www.embaixadalx.pt │ MAP P.56/B5

名為「大使館」的這棟建築是於19世紀後期模仿摩爾式建築的作品「理貝如‧達‧庫孃宮」(Palacete Ribeiro da Cunha)所建造的，原為私人住所，2013年開始做為商業用途。

整棟共三層樓的建築，有餐廳、酒吧、畫廊，及各種衣物、飾品、香氛等概念小店進駐，逛累了可以在中庭用餐或喝杯飲料休息一下，欣賞這棟建築的有趣之處。因為這棟建築的成功轉型，在皇家王子區越來越吸引年輕人聚集，及其他概念品牌商店進駐，這裡可說是葡式老屋活化的代表。

1~2.體驗在豪華宮殿中購物的有趣經驗／3.從波爾圖來的有名香皂品牌也有進駐／4.可在中庭的餐廳用餐或喝飲料，體驗摩爾式建築風情

Bairro Alto, Chiado, Príncipe Real, Catarina

100

給老派葡人的新式生活手作品

Stró

✉ Rua da Escola Politécnica 80A-80B, 1250-102 Lisboa │ ☎ (+351)212 497 130 │ ⏱ 10:30～19:30 (中午13:30～14:30休息) │ 💲 30～60€ │ ➡ Metro 黃線Rato站步行5分鐘 │ ⏳ 0.5小時 │ http www.by-stro.com │ MAP P.56/B6

充滿環保意識的葡萄牙時尚手工配件品牌，主要產品為各種圍巾、扁帽、居家拖鞋、購物袋等，布料來源跟生產都是葡萄牙在地，儘可能地保持原有手工製作技巧，減少布料浪費，同時加入了許多設計元素，作品給人的感覺似乎有點像是葡萄牙和北歐的混合體。

一邊覺得他們作品的樣式像是爺爺會

戴的扁帽，跟奶奶才會穿的室內拖鞋，但顏色跟質料就是「潮」啊！有各種材質、顏色、尺寸，任何人都可以在這家店裡找到自己合適的配件。

1.在大樓入口兩側的店面／2.各種尺寸跟顏色的室內拖鞋應有盡有／3.拖鞋、扁帽、圍巾、購物袋，多種手工商品任你挑／4～5.多款顏色的扁帽，兼具時尚又環保

想要
Quer

✉ Rua da Escola Politécnica 82A, 1250-102 Lisboa | ☎ (+351)212 497 130 | 🕐 10:30～19:30 | 💲 10～20€ | ➡ Metro黃線Rato站步行4分鐘 | ⏳ 0.5小時 | http lojaquer.blogspot.com | MAP P.56/B6

原為在2005年以童書和玩具起家小店,店名為「想要」更是充滿了童趣,近年來也開始引入有設計感的生活用品。店內有非常多走溫馨風的玩偶、木製玩具及各國經典童書和口碑繪本等,也有葡萄牙國內手工自製的陶瓷器,以及來自許多其他歐洲國家,如丹麥、德國、法國等的風格小物。

要是有不了解用途的東西,可以請教店家喔!像是有一截樹枝在中間的淺盤子,其實是用來放橄欖油,以便使用麵包沾來直接吃的呢。

2

3

1.外觀看來是玩具店,但有一半是風格生活用品／2~3.店內擺設及物品非常用心,且充滿童趣

Pecegueiro & F.os

✉ Praça do Príncipe Real 24, 1250-184 Lisboa | ☎ (+351)213 421 187 | 🕐 週一～六10:00～19:00 | 休 週日 | 💲 25～60€ | ➡ Metro黃線Rato站步行8分鐘 | ⏳ 0.5小時 | http www.pecegueiro.com | MAP P.56/B5

這是一對葡萄牙父母創立的Made in Portugal品牌,品牌上的形象,是他們的三個孩子與狗,也是他們設計理念的中心:簡單家庭生活的快樂。

1

服飾風格簡約,講求舒適,色彩鮮豔,並推崇環保,一切生產製造過程都在葡萄牙,以求減少對環境的衝擊。在整體設計上帶著法式風格,有非常多的條紋跟小碎花,除了衣服外,後背包、帽子和脖圍等配件也是主力商品。

2

3

1.小小店門的溫馨形象／2~3.服裝風格走簡約、色彩鮮豔的路線

美 食 餐 廳

名廚的平價餐廳
Cantinho do Avillez

✉ Rua Serpa Pinto 10 A, 1200-445 Lisboa | ☎ (+351)213 420 607 | ◷ 週二～六12:30～15:00、18:30～23:00 | 休 週日、一 | $ 50～300€ | ➡ Metro綠線及藍線Baixa-Chiado出站步行2分鐘 | ⧖ 1～2小時 | http belcanto.pt | MAP P.57/B4

堪稱葡萄牙第一名廚阿維列須(Avillez)在里斯本開的家常餐廳,雖說是葡國家常菜,但餐點帶著現代感及主廚旅行得來的新靈感,可是一點都不普通。

無論是傳統的鱈魚乾、豬肉、章魚料理,或是北非的塔吉鍋(Tagine)、印度咖哩、義大利料理等,都可以在這裡找到。除了和一般餐廳一樣點主餐外,在週末的非正餐時間也可以點幾個小食(Petistos)配著酒,和大家一起分食。

1~2.低調現代的餐廳設計／3.外焦香、內多汁的阿蓮特茹風豬肉料理

葡式燒烤小餐館
Príncipe do Calhariz

✉ Calçada do Combro 28, 1200-012 Lisboa | ☎ (+351)213 420 971 | ◷ 週日～五12:00～15:00、19:00～22:30 | 休 週六 | $ 10～15€ | ➡ Metro藍線綠線Baixa-Chiado站步行10分鐘 | ⧖ 1～1.5小時 | ⁉ 店內桌椅和座位較少 | MAP P.57/A6

在人來人往的高城與聖卡塔麗娜(Santa Catarina)交界處的這家葡式傳統小餐館,在用餐時候總是人庭若市,無論是牛豬雞或各類魚蝦,經典的葡式燒烤料理都有,真的是麻雀雖小五臟俱全。

招牌料理是葡國北部Beira Baixa及Trás-os-Montes地區的特色菜,如以鱈魚乾做成的主菜Bacalhau à minhota、有肉質保證的小牛肉排Posta de vitela à mirandesa,及一種類似烤布丁的鄉土甜點Tigelada da Beira等。

1.烤章魚／2.餐廳不大,中午用餐時間座位很快就被坐滿了

Belcanto

✉ Rua Serpa Pinto 10 A, 1200-445 Lisboa │ ☎ (+351)213 420 607 │ 🕐 週二～六12:30～15:00、18:30～23:00 │ 休 週日、一 │ 💲 50～300€ │ ➡ Metro綠線及藍線Baixa-Chiado出站步行2分鐘 │ ⏳ 1～2小時 │ http belcanto.pt │ MAP P.57/B4

除了是葡萄牙的米其林兩星餐廳，更在2019年全球前50最佳餐廳(The World's 50 Best Restaurants)中榜上有名，是葡萄牙高級餐飲的指標。

主廚喬賽‧阿維列須(José Avillez)可說是葡國第一名廚，曾有在西班牙米其林三星餐廳El Bulli任職的經驗，其嫻熟的手法把傳統葡國常用食材，以現代料理技術(如分子料理、真空料理)處理，將味道、質地與層次完全提升到另一個境界。若有預算想要嘗試伊比利半島食材的精緻料理，在里斯本這裡絕對是首選。

1.Belcanto充滿專業氛圍／2.如藝術品般精緻且多層次的作品，提供了味蕾前所未有的絕妙飲食經驗(以上圖片提供／Paulo Barata，Grupo José Avillez)

巴西人
A Brasileira

✉ Rua Garrett 122, 1200-205 Lisboa │ ☎ (+351)213 469 541 │ 🕐 週一～六08:00～02:00 │ 休 週日 │ 💲 1～15€ │ ➡ Metro綠線及藍線Baixa-Chiado站旁 │ ⏳ 0.5～1小時 │ ❓ 櫃檯、室內及室外座位的餐點價錢不一樣 │ MAP P.57/B4

1905年成立的咖啡館，最初只是販賣由巴西來的咖啡豆和咖啡，1908年後才擴大成為咖啡館，而後受到許多里斯本詩人、作家、記者的喜愛，可說是舊城區必去朝聖的歷史咖啡館。

這裡即是常見的濃縮咖啡(BICA)的取名發源地，位於人來人往的希阿都地鐵站出口，慕名而來的觀光客非常多，營業時間長，餐點種類亦多，然而餐點及服務品質一般，建議可以在早上人潮較少時點杯咖啡配點心，體驗一下百年情懷即可。

1.咖啡館就在人來人往的地鐵站口／2.和咖啡館外的葡萄牙詩人佛南度‧佩索亞(Fernando Pessoa)的雕像合照一下吧／3~4.充滿歷史感的橡木裝潢與鏡子，和多幅現代畫形成有趣的對比

來自比利時的粉紅象啤酒吧

Delirium Café

✉ Calçada Nova de São Francisco 2A, 1200-289 Lisboa │ ☎ (+351)213 460 920 │ ◷ 12:00～01:00 │ 💲 5～10€ │ ➡ Metro綠線及藍線Baixa-Chiado出站步行1分鐘 │ ⏳ 1～1.5小時 │ 🗺 P.57/B3

　　雖取名咖啡館，但其實是來自比利時、世界聞名的啤酒吧。Delirium Café以列入金氏世界紀錄能供應3,000種以上的啤酒為自豪，而在里斯本的這家分店就可供應25種啤酒，且每種啤酒都是有其對應的啤酒杯及紙墊，若是對濃淡苦甜的各種啤酒眼花撩亂，可請酒保幫忙推薦。

　　這裡同時也提供許多鹹食小點，如乳酪盤、墨西哥玉米片、三明治等。舊城逛街累了的話，不妨到這裡歇腳休息一下，下午時段常會有Happy Hour買一送一的活動。

超過150年的糕點餐廳老店

Benard

✉ Rua Garrett 104, 1200-205 Lisboa │ ☎ (+351)21 3 473 133 │ ◷ 週一～六08:00～23:00 │ 休 週日 │ 💲 1～15€ │ ➡ Metro綠線及藍線Baixa-Chiado站旁 │ ⏳ 1～1.5小時 │ http benard.pt │ 🗺 P.57/B4

　　由法國移民Benard家族成立於1868年，再於1902年搬到現在的位置，這家甜點坊曾是里斯本上流社會貴婦們與作家經常出入的地方，以可頌和法式麵包聞名，這裡也曾在1957年做為接待英國女皇伊利莎白二世的晚宴場地，風光盛極一時。

　　然而在康乃馨革命後，由於其與官方名流的聯結，使得生意一蹶不振，在80年代幾乎要倒閉時，現任店主的母親，因為不想讓她曾經的美好回憶就此消失，硬是在沒有在地支持跟觀光前景的時代下，傾家產買下這家店，甚至經營完全不相關的裁縫店，終於保存下這家老店。

1.知名的德國啤酒Erdinger／2.靠窗坐更能放鬆小酌／3.在店內到處可見被粉紅象裝飾的啤酒管頭

1.室內外都有座位，正餐時間也供應葡式餐點／2.滿櫃各式糕點

Café Luso

✉ Travessa da Queimada 10, 1200-365 Lisboa | ☎ (+351)213 422 281 | 🕐 19:30～02:00 | 💲 30～50€ | 🚇 Metro藍線綠線Baixa-Chiado站步行6分鐘 | ⏱ 2～2.5小時 | 🌐 www.cafeluso.pt | ℹ️ 建議先預約，法朵歌手演唱時必須保持安靜 | 🗺 P.56/D3

　　從20:00開始有接連的專業法朵演唱者近距離演唱，在兩個小時左右的用餐時間裡，就有4位不同的職業演唱者，風格各異，唱功都十分了得，讓客人品嘗美食的同時，可以盡情享受法朵音樂的魅力。

　　餐點精緻度高，口味道地，用餐環境及

服務是接近星級餐廳的水準，整體來說非常值得，無論是好友、家族或是情侶都可以一起享受法朵與美食相伴的夜晚。

1～2.充滿情感與魄力的法朵唱者／**3.**餐廳所在是經歷1755年大地震仍屹立的舊時酒窖，加上昏黃的燭光別有風情(以上圖片提供／Café Luso)

Cervejaria Trindade

✉ Rua Nova da Trindade 20 C, 2715-311 Lisboa | ☎ (+351)213 422 281 | 🕐 10:00～00:00 | 💲 15～30€ | 🚇 Metro藍線綠線Baixa-Chiado站步行4分鐘 | ⏱ 1～1.5小時 | 🌐 www.cervejariatrindade.pt | 🗺 P.56/D3

　　建於13世紀的中古修道院，1836年這裡成為葡萄牙第一個啤酒工廠，20世紀成為啤酒屋，之後再易主變成現在的餐廳。

　　打著是里斯本最古老的啤酒屋，可以欣賞滿屋19世紀的磁磚，以啤酒、多種肉排(bifes，可以是牛豬雞或其他肉類)及海鮮知名，同時也有許多經典鱈魚葡菜。嚴格來說若單以餐點品質來看，價錢稍微偏高，但考量到用餐環境的歷史條件帶給人的加值感，整體來說仍是值得。

1～2.餐點中規中矩，煉乳口味的甜點則是意外美味／**3.**餐廳環境彷彿中古修道院

高城區的酒吧

　　從賈梅士廣場向北沿著Rua do Norte進到高城區，在Rua do Diário de Notícias及Rua da Barroca一帶的巷弄，應是里斯本最高度密集的酒吧餐廳區，在此可以找到各種風格的酒吧，南美拉丁、傳統法朵、同性友善等，人手一杯啤酒、紅、白酒及各種調酒，這裡到了晚上不分男女老少，里斯本人或遊客們，只想來點音樂來杯酒輕鬆一下。

　　在葡萄牙，和朋友到酒吧喝酒，本來就是生活的一部分，聽到自己喜歡的音樂風格，看看酒單是不是合理，不妨試著加入他們體驗一下。當然，自己的酒量多少，還是要自己拿捏，出門在外安全還是最重要的！儘量避開週五及週六人潮多的晚上，可以玩得比較盡興。

巷弄中隨處可見餐廳酒吧

真材實料美味的現代印度餐廳

Chutnify

✉ Travessa da Palmeira 44, 1200-311 Lisboa │ ☎ (+351)213 461 534 │ ⌚ 週一〜五12:00〜15:00、19:00〜23:00，週末13:00〜16:00、19:00〜00:00 │ 💲 10〜15€ │ ➡ Metro黃線Rato站步行12分鐘 │ ⏳ 1〜1.5小時 │ http www.chutnify.com │ MAP P.56/C5

　　在德國柏林的成功發跡後，這家現代南印料理餐廳也開到里斯本了，打著真材實料的傳統口味，雞肉和羊肉的咖哩都燉得非常柔軟入味，香氣十足，里斯本人也成功地被印度料理征服了呢！這裡也有很多的素食餐點，一樣大受好評。目前在平日中午時段並不太需要排隊，且午間套餐非常划算，可以放心前往。

1.令人滿足的口味與分量／**2.**芒果拉西飲料(Mango Lassi)濃郁到想要用湯匙挖

旅行小抄

特色酒吧推薦　　MAP P.57/A5

Tasca do Chico
✉ Rua Diário de Notícias 39
特色：老字號酒吧，有免費法朵欣賞。

Portas Largas
✉ Rua da Atalaia 105
特色：舊時的同志酒吧，但現在是不分男女老少和性向都非常受歡迎的名酒吧，音樂風格不一定。

Maria Caxuxa
✉ Rua da Barroca 6
特色：以復古風聞名的酒吧，有非常多的烈酒選擇，也有舒服的沙發可放鬆。

Artis
✉ Rua Diário de Notícias 95
特色：葡萄牙酒專門酒吧，位子不算大，適合和三兩好友邊喝酒邊吃點小食。

Páginas Tantas
✉ Rua do Diário de Notícias 85
特色：是經典的爵士樂酒吧。

107

城堡區
城堡、阿爾法瑪、格拉薩、莫拉里亞
Castelo, Alfama, Graça, Mouraria

這裡是里斯本最古老的一區，巷弄蜿蜒，很容易就會迷路！
里斯本黃與復古粉紅色民宅、搭配在太陽下剛拿出來曬的衣服味道，
與在窗邊透氣看著人車往來的老奶奶，加上夜晚的法朵歌聲，
正是城堡區的經典印象。

熱門景點

萬神殿
Panteão Nacional

蓋了300多年的傳奇教堂

✉ Campo de Santa Clara, 1100-471 Lisboa｜☎ (+351)218 854 820｜🕐 週二～日。4～9月10:00～18:00(最後入場17:40)，10～3月10:00～17:00(最後入場16:40)｜休 週一｜💲 全票4€，學生及65歲以上2€，12歲以下免費｜➡ Metro藍線Santa Apolónia站步行8分鐘｜⏳ 0.5～1小時｜http www.panteaonacional.gov.pt｜MAP P.55/A

原名為聖安歌拉西亞教堂(Igreja de Santa Engrácia)的萬神殿，於16世紀後半開始興建，但在16世紀末又重新設計改建，幾個世紀以來一直都是沒有完成的狀態，

里斯本人甚至把永遠不會完成的事戲稱為「就像聖安歌拉西亞的施工」(como as obras de Santa Engrácia)。

終於在20世紀中完工，亦成為當時獨裁的新政府用來展現其政治力的手段之一。內有葡萄牙幾世紀以來的航海英雄、歷任總統、詩人、作家、抗戰將軍等，儘管有些是紀念空棺。

近年來最受人矚目的是法朵歌手阿瑪利亞・霍德里格須及足球明星尤塞比奧・達・西爾瓦・費黑拉(Eusébio da Silva Ferreira)，他們的墓前總是會看到鮮花。萬神殿最高層的戶外陽台，也是視野非常廣的觀景台，強烈建議到此一遊的旅客一定要走上去看看。

萬神殿正面照(圖片提供／Panteão Nacional, DGPC/ADF, 作品名稱／Fachada principal da igreja de Santa Engrácia, 攝影／José Paulo Ruas)

1

聖喬治城堡
Castelo de São Jorge

里斯本舊城區的制高點

2

3

✉ Rua de Santa Cruz do Castelo, 1100-129 Lisboa │ ☎ (+351)218 800 620 │ ◑ 11～2月 09:00～18:00，3～10月09:00～21:00，最後進場 為關閉前30分鐘 │ 休 1/1、5/1、12/24、12/25、 12/31 │ $ 全票10€，13～25歲青年票5€，65歲 以上8.5€，12歲以下免費 │ ➡ 28號電車至Largo das Portas do Sol站步行8分鐘 │ 🖼 1～1.5小時 │ http castelodesaojorge.pt │ ❓ 門票包含導覽及暗 房潛望鏡(Câmara Escura)的活動 │ MAP P.55/A

摩爾人於11世紀建造的防禦城堡，最古 老的部分則可追溯到5～6世紀，自1147年 10月25日葡萄牙建國，國王阿方索攻下里 斯本後，將聖喬治城堡修建改造，於13世紀 正式成為國王的皇宮，重要性與日俱增。

14～16世紀，當時國王接見重要的人 物、舉辦各種加冕典禮等重要活動，通通 都在聖喬治城堡進行，直到1580年在西班 牙的統治之下，開始把城堡轉為軍事目的

使用，1755年的大地震，重建的軍事部分 倒塌，幾乎將原有的舊城堡全部覆蓋，狀 態持續到20世紀初。直到1938至1940年的 考古重建計畫，皇宮建築才又重見天日， 也才有今日我們所見的這座葡萄牙國家 古蹟。

善用新式電梯，不再氣喘吁吁

玩家交流

里斯本除了有4座知名的老式升降梯外，近幾年市政府為了便利市民及觀光客，亦興建了免費的新式電梯，營運時間是09:00～21:00，讓人不用氣喘吁吁就可以到達城堡區，包括了可從Metro Baixa-Chado站連結到城堡的兩段電梯(Elevador Castelo 1、2)，及2018年才啟用、全長30公尺，可從Metro Martim Moniz站至城堡的手扶梯(Escadinhas da Saúde)。

搭乘地址：
Elevador Castelo 1 ✉ Rua dos Fanqueiros 176, 1100-107 Lisboa MAP P.57/A2
Elevador Castelo 2 ✉ Largo do Chão do Loureiro 3, 1100-434 Lisboa MAP P.57/A1
Escadinhas da Saúde ✉ 在Rua da Mouraria 20, 1100-341 Lisboa MAP P.56/C1

(左)下城區和城堡區之間的新式電梯
(右)在Escadinhas da Saúde的手扶梯，對年長的市民來說是一大福音

1.進到城堡內部，爬上城牆及城樓後，又有另一種風情／2.空間非常寬闊的展望台／3.遊客們可以倚著古大炮，欣賞無敵海景和里斯本舊城的美景

蘇菲亞‧安德森觀景台
Miradouro Sophia de Mello Breyner Andresen

需要點腿力才能到但景色絕對值得

✉ Calçada da Graça, 1100-265 Lisboa │ ⏰ 全日開放 │ 💲 免費 │ 🚇 Metro綠線Martim Moniz站步行9分鐘 │ ⌛ 0.5～1小時 │ MAP P.55/B

此展望台的取名是為紀念葡萄牙20世紀非常重要的詩人蘇菲亞‧安德森，里斯本人通常稱此地為「恩典觀景台」(Miradouro da Graça)，是里斯本的七座山丘之一，安德烈山丘(Colina de Santo André)之上的展望台，對著特茹河及下城區有非常好的視野，有幾棵大橡樹可遮陽，也可以在一旁的咖啡亭買點小食或飲料，在樹蔭下吹著涼風坐著賞景。

從觀景台上俯瞰里斯本下城區美景

抗戰與自由博物館
images Museu do Aljube

舊時的政治犯監獄

✉ Rua de Augusto Rosa 42, 1100-059 Lisboa ┃ ☎ (+351)215 818 535 ┃ ⏰ 週二～日10:00～18:00 ┃ 休 週一及12/25、1/1、5/1 ┃ 💲 全票3€，13～25歲青年票1.5€，65歲以上2.6€，12歲以下免費 ┃ ➡ 28號電車至Limoeiro站步行1分鐘 ┃ 🕐 1～2小時 ┃ http www.museudoaljube.pt ┃ ❓ 若只要到頂樓咖啡廳可坐電梯直達，不用買博物館門票 ┃ MAP P.55/A

這個博物館原是用來審問和囚禁極權獨裁時代政治犯的地方，提醒人們不要忘記那段沒有自由的過去，不要忘記那些奮鬥犧牲甚至付出生命只為追求民主的先行者，更不要忘記現在自由和民主是多麼得來不易，同時也向世界宣告葡萄牙的抗戰與民主精神。

館內有非常豐富的多媒體影片與十分引人入勝的史實陳

列，特別對於政治犯的審問情形有很詳細的敘述，而當時極狹窄的單人監房也以原貌重現，真的會看了讓人不寒而慄。

歷史發展中惡名昭彰的葡萄牙政治警察，以及重度政治犯所在的離島集中營的慘況，都在這個博物館有清楚的整理，讓人能快速理解他們這段黑暗的過去。

最後的重頭戲就是康乃馨革命日，這個對於全球民主化發展非常重要的日子，亦完整地重現。

1~2.博物館就在里斯本主教堂的後方／**3.**康乃馨革命紀念室／**4.**模擬在逃政治犯及印刷違法刊物／**5~6.**一張張歷史照片帶著我們走過葡萄牙民主奮鬥的過程／**7.**單人牢房／**8.**從頂樓的咖啡館可眺望里斯本主教堂(5~8圖片提供／Museu do Aljube)

7

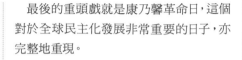
8

法朵博物館
Museu do Fado
深入了解法朵的首選

✉ Largo do Chafariz de Dentro 1, 1100-139 Lisboa｜
☎ (+351)218 823 470｜🕐 週二～日10:00～18:00
(最後入場17:30)｜休 週一｜$ 全票5€，65歲以上
4.3€，13～25歲2.5€，12歲以下免費｜➡ Metro
藍線Santa Apolónia站步行5分鐘｜⧖ 1～1.5小
時｜http 博物館www.museudofado.pt；數位聲軌館
藏arquivosonoro.museudofado.pt｜MAP P.55/A

1998年為宣揚葡萄牙國寶音樂法朵及其文化而創立的博物館，所在的建築為19世紀中里斯本相當重要的阿爾發瑪抽水站。除了可以了解法朵與葡式吉他的歷史與發展外，也同時看到葡萄牙人從20世紀初以來的生活，展出許多珍貴的法朵歷史文物及葡式吉他。數位聲軌館藏Arquivo Sonoro Digital，更從世界各地蒐集了20世

1

2

紀前半在葡萄牙出版的法朵唱片，有超過3萬首曲目可免費線上收聽。

1.法朵博物館外觀／**2.**葡萄牙與西班牙吉他(以上圖片提供／Museu do Fado, 攝影／José Frade, EGEAC EM)

里斯本主教堂
Sé de Lisboa

里斯本最重要的歷史宗教建築

✉ Largo da Sé, 1100-585 Lisboa │ ☎ (+351)218 866 752 │ ⏰ 週一～六09:00～19:00，週日09:00 ～20:00 │ 💲 主教堂免費進入，至修道院迴廊(Claustro)及寶庫(Tesouro)各2.5€，兩者合買4€ │ ➡ 28號電車至Sé站 │ ⏳ 0.5～1小時 │ MAP P.55/A

許多人旅人的里斯本印象，大概就是主教堂和前面經過的黃色28號電車了。

1147年葡萄牙第一任國王阿方索下令建築的主教堂，考古學家也從遺跡中證實主教堂是建於摩爾人的清真寺之上，而摩爾人的清真寺則是建於羅馬帝國時期西哥德王國的基督教聖殿之上，站在這裡等於站在超過1,200年的宗教興衰之上。

主教堂原以羅馬風格建成，位於主教堂後方由國王迪尼須(D. Dinis)擴建的迴廊，以及國王阿方索四世為家族增建的神殿則是哥德風格，17～18世紀初也都有再加入曼奴埃爾風格及巴洛克風格的聖具室及主聖堂，因此在此幾乎可以看到所有的歐式建築藝術風格。

然而1755年里斯本大地震摧毀了大半的結構，18世紀中後開始修復計畫，專注於

羅馬復興風格及新哥德風格的整體重建，一直到1940年才完成修復工作重新開放。在教堂寶庫裡最重要的藏物，是由葡萄牙第一任國王阿方索下令迎來的聖文森聖物及聖體。

1.下午多為遊客湧入的時段／**2.**主要堂修復後仍保有巴洛克風格／**3.**教堂內部主體是羅馬復興風格

里斯本市徽的由來

具歷史記載，里斯本官方城市聖人聖文森的遺體，在1173年從阿爾加維運回里斯本的過程中，傳說途中有兩隻烏鴉一直不離不棄守護著整段航程，這也正是里斯本市徽上的船和兩隻烏鴉的由來，也傳說這兩隻烏鴉的後代們也一直還在教堂守護著聖文森。

1.里斯本官方市徽(圖片提供／Câmara Municipal de Lisboa)／**2~3.**街頭隨處可見的船與烏鴉的示意

聖露西亞觀景台
Miradouro de Santa Luzia

堪稱里斯本最熱門觀景台

✉ Largo Santa Luzia, 1100-487 Lisboa｜🕐全日開放｜💲免費｜➡乘坐28號電車至Miradouro de Santa Luzia站｜⏳0.5～1小時｜**MAP** P.55/A

位於28號電車行經路線，花園裡有著四季不同風情的花草，觀景陽台上貼滿了老磁磚，總是充滿著拍照賞景都意猶未盡的遊客。

面對著阿爾發瑪區，特別在夕陽西下時充滿著里斯本些許惆悵的獨特風情，似乎可以感到法朵音樂若有似無地在腦中響起迴盪呢。

另外，別錯過花園一旁教堂的外牆，上面有兩幅非常有趣的藍磁牆，描述的分別是1755年大地震前的里斯本商業廣場，以及1147年阿方索國王攻入里斯本聖喬治城堡的情形。

1.觀景台花園／**2.**盡賞里斯本最古老的阿爾發瑪區景象

山上聖母觀景台
Miradouro da Nossa Senhora do Monte
視野極寬的舊時祕境

✉ Largo Monte, 1170-107 Lisboa ｜ ⏰ 全日開放 ｜ 💲 免費 ｜ ➡ 乘坐28號電車至Rua da Graça站後步行5分鐘 ｜ ⏳ 0.5～1小時 ｜ 📍 P.55/B

　　山上聖母觀景台可說是里斯本最寬且高的觀景台，有非常寬廣的視野且有藍磁做成的全景地標圖，過去因被主流旅遊書忽略，而少有人知曉。近年來觀光客大量增加後，寧靜已不再，特別是天氣好的夕陽時段，總是滿滿人潮。

　　別氣餒，人雖多還是非常值得前往，且不一定要在夕陽時段人擠人，即便是白天時到此遊玩，也有大樹蔭可遮陽，有長椅可歇腿。一旁的教堂是里斯本有名的安產教堂(Capela de Nossa Senhora do Monte)，會看到懷孕婦女進出祈禱孩子的健康。

夕陽西下的美景

國立磁磚博物館
Museu Nacional do Azulejo
深入了解葡萄牙磁磚的發展與歷史

✉ Rua da Madre de Deus 4, 1900-312 Lisboa ｜ 📞 (+351)218 100 340 ｜ ⏰ 週二～日10:00～18:00 (17:30最後入場) ｜ 休 週一 ｜ 💲 全票5€，學生及65歲以上2.5€，12歲以下免費 ｜ ➡ 從商業廣場乘坐759公車至Igreja Madre Deus站下車 ｜ ⏳ 1～2小時 ｜ http www.museudoazulejo.gov.pt ｜ 📍 P.55/B

　　博物館位於16世紀初始建的修道院之中，教堂Igreja Madre Deus也十分有看頭，具有曼奴埃爾風格的大門，及巴洛克風格的藍白磁磚與金邊屋頂。在這裡可以從摩爾人時代開始，了解磁磚的起源與製作過程，以及因東西方交流造成的影響，磁磚博物館說的就是葡萄牙的歷史。千萬不要錯過博物館內保存非常良好的一面藍磁牆，詳細記錄著里斯本在大地震前的風貌，一塊塊磁磚都是珍貴的里斯本歷史文物，除了至博物館參觀，亦可從官方的特別研究計畫「1755年大地震前以磁磚表現的里斯本風貌」(Lisboa em Azulejo antes do Terramoto de 1755)網站中，了解里斯本的舊時樣貌。http lisboaemazulejo. fcsh.unl.pt

1.教堂大門《Portal》(圖片提供／DGPC, 攝影／Carlos Monteiro)／**2.**教堂中的藍磁(圖片提供／DGPC, 作品名稱／Capela de Santo António com vista do Presépio da Madre de Deus, 攝影／José Paulo Ruas)

逛街購物

里斯本最大的定期跳蚤市場

Feira da Ladra 🛍

📧 Campo de Santa Clara, 1100-472 Lisboa │🕐 每週二、六 09:00～18:00 │💲 視個人預算 │➡ Metro藍線Santa Apolonia站步行9分鐘 │⏱ 0.5～1小時 │❓ 冬天會提早休市 │MAP P.55/A

在萬神殿旁的里斯本跳蚤市場，從17世紀就存在，歷史悠久，任何想像得到的居家用品都有可能出現，除了有大量二手衣物、餐具、玩具外，骨董家具、古鑰匙、古錢幣、古雜誌及畫作等，亦可以在這裡找到，近年來也漸漸有藝術家，及較現代、具設計感的飾品店家加入。

這裡能夠一邊逛街進而認識里斯本人的生活，一邊享受著可能會挖到寶的些許興奮，累了還可以在一旁的咖啡館喝杯咖啡，聽著路旁演奏者的表演。

1.各種二手家居用品，甚至古硬幣等，都有人拿出來販售／**2.**逛累了也可在旁邊的咖啡座休息一下／**3~4.**有葡萄牙生產的陶瓷器專賣店

葡國製造，生活紀念品嚴選店
A Vida Portuguesa

✉ Largo do Intendente Pina Manique 23, 1100285 Lisboa｜📞(+351)211 974 512｜🕐10:30～19:30｜💲10～50€｜🚇Metro藍線Intendente站步行3分鐘｜⏳0.5～1小時｜http www.avidaportuguesa.com｜MAP P.55/B

這是一家100% Made in Portugal的紀念品店，老板原是記者及作家，這家店是她在工作過程中從北到南採訪葡萄牙人以前的生活裡，得到靈感而創立的。曾被Time Out Lisboa雜誌選為里斯本最漂亮的店，

晚上去的話還可以看到店門口別有風情的燈飾。

店內有兩層樓，食、衣、住相關用品樣樣都有；有很多文青風清新的設計跟創

意紀念品，更有一些老派的日常用品，像是手工製的模具，或一些木製、銅製、錫製的廚房用具等。有非常多種類的葡萄牙香皂、沙丁魚、橄欖油跟酒，當然也可以買塊漂亮的瓷磚做為紀念。

這裡給人的感覺不只是一般紀念品商店，瀏覽時也會看到葡萄牙人舊時生活的器具，有許多用品其實是已經要消失的職人們做的，懷舊感滿點的同時，也真心希望這些手工技藝能傳承下去。

1.有許多對葡國人來說充滿回憶的小童玩／2.各類瓷器及葡國特色食品，如罐頭、橄欖油、櫻桃酒等／3.滿櫃的葡式香皂

Made in Portugal的羊毛製品專賣店
ChiCoração 🛍

✉ Rua Augusto Rosa 46, 1100-059 Lisboa | ☎ (+351)218 861 661 | 🕐 10:00～21:00 | 💲 10～200€ | ➡ Metro藍或綠線Baixa-Chiado站步行13分鐘 | ⏳ 0.5小時 | 🌐 www.chicoracao.com | 🗺 P.55/A

80年代起家於中部山區Serra de Aire的家族企業，於2010年進駐里斯本希阿都區，因而取名「Chi」，「Coração」則是「心」的意思。

圍巾、毛毯、大衣、玩偶等，大多都是葡國低調溫暖的顏色，產品皆使用了葡萄牙產的羊毛，百分之百在葡國工廠製作，一邊堅守著傳統工藝，也一邊引入更現代感的剪裁設計。不妨買件有溫度的羊毛製品，做為葡萄牙旅行的溫暖紀念。

1～2.療癒系小玩偶／3.各種色調、材質與不同厚薄的披風、圍巾、大衣

嬉皮風藝文活動中心
Anjo70 🛍

✉ Regueirão Anjos 70, 1150-020 Lisboa | ☎ (+351) 211 974 512 | 🕐 週三～五18:00～00:00、週末15:00～23:00、週一17:00～23:00 | 休 週二 | 💲 視個人預算 | ➡ Metro綠線Anjos站步行5分鐘 | ⏳ 0.5～1小時 | ❓ 每月會更新當月活動 | 🗺 P.55/B

原為該地區的藝文中心，內有酒吧及活動空間，近年來也漸漸成為觀光客注目的地方，每個月的第一個週末，這裡都有藝術作品及二手衣物市場，是以年輕人為取向的市集，很多衣物都帶點嬉皮風，相較里斯本其他跳蚤市場，這裡的物品狀態較好，有風格，且價格都十分合理，喜歡挖寶的人可不要錯過。不定期還有演奏會、電影會、親子活動等。

1.寫著A70的小入口／2.販售自己創作的藝術品攤位／3.別出心裁的小盆栽設計／4.占地兩層樓的跳蚤市集

亞洲超市聚集地

在地鐵站Martim Moniz附近,中國人稱這一帶為「貨行」,是20世紀末以中國溫洲人為主,移居葡萄牙作生意的起點,隨著移入葡萄牙的中國人越來越多,附近開始出現多家亞洲超市,絕大多數是中國食品食材,也有日韓及少量的台灣商品,及印度、越南、泰國等不同亞洲國家的食材醬料。這些超市除了有乾貨、泡麵、零食、醬料,也有許多生鮮及冷凍食品食材。若是吃不慣葡式餐點,倒不妨到這些亞洲超市找尋熟悉的食材或零嘴解解饞。

這幾間超市基本上都是在Rua Palma上,陳氏最大、王氏有比較多台灣商品、華大利有中式熟食、東方則是比較乾淨好逛。原則上的營業時間是週一～六09:00～20:00,基本上都有能說中文的員工,但要特別注意這些店家通常只接受現金或是葡萄牙國內金融卡。

現在這一帶除了有許多中國人,更多的是來自南亞各國的移民,能看到各種不同的面孔,聽到不同的語言,看到多

1.東方超市的商品陳列十分整齊／**2.**陳氏超市是里斯本最大的亞洲超市,商品種類較齊全／**3~4.**中文招牌在里斯本的貨行附近一點也不奇怪

元的里斯本文化。除了超市外，更有各種服飾配件、居家用品、葡萄牙紀念品等價廉物美的小店，喜歡掏寶的人也可以到這裡尋寶。

超市推薦 MAP P.55/B

陳氏超市Supermercado Chen ✉ Rua Palma 220

王氏超市 Supermercado Wang ✉ Rua Palma 266

東方超市 Supermercado Oriental ✉ Rua de Palma 41

華大利超市 Supermercado Chinês Hua Ta Li
✉ Rua Fernandes da Fonseca 16

美食餐廳

最霸氣的海鮮餐廳

Marisqueira do Lis

✉ Avenida Almirante Reis 27B, 1150-019 Lisboa | ☎ (+351)218 850 739 | 🕐 週三～一09:00～00:30 | 休 週二 | 💲 15～30€ | ➡ Metro綠線Intendente站 | ⏱ 1～1.5小時 | MAP P.55/B

店主在1973年從名店Ramiro出來自立門戶，開了這家海鮮餐廳，據說店主當時離開是因為髒亂及狹小不佳的待客環境，雖然在Ramiro改進後狀況可能變好了，但這家在用餐環境上還是有極大的優勢：位子寬、環境乾淨、服務親切，也看得到更多活跳跳的海鮮。

海鮮只要夠新鮮，實際上吃起來的差異並不大，而這裡的服務也十分周到。在一般用餐時間，因位子多，比較有機會能儘快入座用餐，也較適合多人同行大快朵頤。

1.麵包蟹的蟹黃調味極佳／**2.**有滋有味，令人回味無窮的鵝頸藤壺 ／**3.**奶油蒜炒香菜海瓜子(Amêijoas à Bulhão Pato)

有著細膩飲食品味的平價酒館

粗鹽酒館
Taberna Sal Grosso

✉ Calçada do Forte 22, Santa Apolónia, Lisboa | ☎ (+351)215 982 212 | ⏰ 12:30～15:30、20:00～23:00 | 💲 10～15€ | ➡ Metro藍線Santa Apolonia站步行3分鐘 | ⏳ 1～2小時 | ℹ️ 店內位置很少，無法早到的話建議要訂位 | MAP P.55/A

位在里斯本最有名的跳蚤市場Feira da Ladra附近，這是筆者目前吃過最精緻、口味層次最豐富的平價美食了！就連一般的家常鱈魚乾料理都能有令人驚豔的味覺跟口感層次組合。

這家餐館成功地將傳統葡菜以新的手法重新詮釋，味覺和視覺都得到充分滿足，用平實的價格享用的時候可以吃到接近星級餐廳的美食，專程去都值得！

1.簡約的店門口／2.招牌菜油封鹽鱈魚(Bacalhau Confitado)／3~4.以兔腿跟鮪魚為食材做傳統葡菜的重新詮釋／5.店內位置不多非常容易客滿

里斯本最火紅的海鮮名店
Cervejaria Ramiro

✉Avenida Almirante Reis 1, 1150-007 Lisboa ☎(+351)21 885 1024 ⏰週二～日12:00～00:30 休週一 💲15～30€ ➡Metro綠線Intendente站步行3分鐘 ⌛1～1.5小時 http www.cervejariaramiro.pt MAP P.55/B

　　1956年開張的啤酒屋老店，這家應該算是海外媒體曝光率最高的里斯本海鮮餐廳，特別是因曾在《波登不設限》節目中出現過，更是大大提高了它的人氣，觀光客可能比在地人還來得多。從中午未開店前就會有人排隊，幸好這家店的營業時間很長，可以的話，就儘量避開尖峰時刻。

　　所用的海鮮食材，新鮮好吃且不貴，讓這裡總是人潮不斷，且店家為了服務非常多不懂葡文的觀光客，也有平板用英文及照片輔助點餐，很國際化。

1.開店前就已經有排隊人潮／2.牛扒包(Prego)／3.彈牙的奶油蒜蝦(Camarões à Guilho)／4.拆解好的麵包蟹

　　麵包蟹料理，通常會將麵包蟹拆解成蟹黃及其他部分，切成大塊盛盤。

　　在蟹殼內的蟹黃，常會與全熟蛋、美奶滋、芥黃醬等一起攪拌成泥狀，有時也會加入波特酒、啤酒或香料增加香氣，甚至也會出現偏辣的調味，建議放在烤麵包或小吐司片上一起食用。

　　一般來說，餐廳也會附上吃蟹肉專用的餐具，包括以細長叉子挖蟹肉，用小錘子敲蟹螯等較硬的部分。要特別提醒的是，用工具敲打時，可以將紙巾輕輕蓋在上面，以免蟹殼碎片亂飛傷人喔！

③

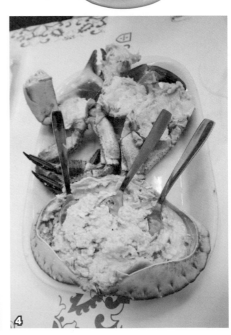

貝倫區
貝倫、阿爾坎塔拉
Belém, Alcântara

圖片提供／©Luis Pavão

葡萄牙的海權歷史光輝，一直是這個國家引人入勝的一點，
與這段歷史有關的重要景點，幾乎都集中在貝倫區。
這裡有美麗的河岸風景，有沿河步道及自行車道，
更有百年的蛋塔老店值得專程前往朝聖，
一嘗修道院祕密配方歷久不衰的美味。

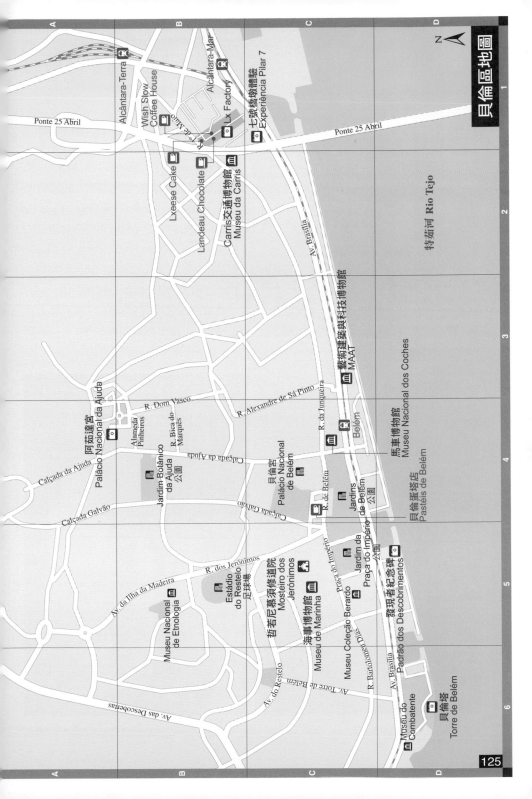

N

Ponte 25 Abril

Alcântara-Terra

Wish Slow Coffee House

Alcântara-Mar

R. 1.º de Maio

Lx Factory

七號橋樑體驗
Experiência Pilar 7

Ponte 25 Abril

特茹河 Rio Tejo

Lxeese Cake

Landeau Chocolate

Carris交通博物館
Museu da Carris

阿茹達宮
Palácio Nacional da Ajuda

R. Dom Vasco

Alameda
Pinheiros

R. Bica de
Marquês

Calçada da Ajuda

R. Alexandre de Sá Pinto

R. da Junqueira

藝術建築與科技博物館
MAAT

馬車博物館
Museu Nacional dos Coches

Calçada da Ajuda

Jardim Botânico
da Ajuda
公園

貝倫宮
Palácio Nacional
de Belém

Belém

Calçada Galvão

Calçada Galvão

R. de Belém

Jardins
de Belém
公園

貝倫蛋塔店
Pastéis de Belém

Av. da Ilha da Madeira

Museu Nacional
de Etnologia

R. dos Jerónimos

Estádio
do Restelo
足球場

哲若尼慕須修道院
Mosteiro dos
Jerónimos

海事博物館
Museu de Marinha

Praça do Império

Museu Colecção Berardo

Jardim da
Praça do Império
公園

R. Bartolomeu Dias

發現者紀念碑
Padrão dos Descobrimentos

Av. Brasília

Av. do Restelo

Av. das Descobertas

Av. Torre de Belém

Museu do
Combatente

貝倫塔
Torre de Belém

貝倫塔
Torre de Belém

曼奴埃爾風的軍事堡壘

✉ Avenida de Brasília, 1400-038 Lisboa │ ☎ (+351)213 620 034 │ ⏱ 週二～日。5～9月10:00～17:30(17:00最後入場)，10～4月10:00～18:30(17:00最後入場) │ 休 週一及特定國定假日(1/1、復活節週日、5/1、6/13、12/25) │ $ 成人票6€，學生及65歲以上3€，12歲以下免費 │ ➡ 15號電車至Lg. Princesa站步行5分鐘 │ ⌛ 0.5～1小時 │ http www.torrebelem.gov.pt │ MAP P.125/D6

建於1514～1520年間，在1983年入選為UNESCO世界文化遺產，是葡萄牙曼奴埃爾建築風格中的代表作之一。結合了中世紀城樓和新型的防衛菱堡，在當時和位於卡須凱須的堡壘(Torre Fortificada de Cascais)及在特茹河南岸和貝倫塔遙望的舊塔(Torre Velha)，同為16世紀特茹河口非常重要的軍事防衛建築，16世紀末期～17世紀期間也曾一度做為監獄使用。

城樓內部可往上爬5層樓，可別錯過頂樓，除了可以欣賞特茹河美景，也可遠眺另一邊的哲若尼慕須修道院(見P.128)。

1.貝倫塔屹立河岸的經典面貌(圖片提供／DGPC, 作品名稱／Fachada, 攝影／Carlos Monteiro)／**2.**由貝倫塔望向特茹河面的景色(圖片提供／DGPC, 作品名稱／Vista da Torre de Belém, pormenor do varandim, 攝影／Luis Pavão)

貝倫宮前的GNR衛兵交接典禮

玩家交流

　　貝倫宮就是葡萄牙總統官邸，葡萄牙總統通常是在這裡接見各國的代表跟發表演說。GNR是葡萄牙國家守衛，平時和警察差不多，但GNR是軍事組織，也會參與國防相關任務。

　　每個月的第三個週日11:00，GNR會在貝倫宮前有盛大的衛兵交接典禮，共有160人組成衛兵隊、騎兵隊、軍樂隊，及最厲害的「騎兵軍樂隊」。整個典禮大約會

持續40～50分鐘，每個月在典禮上演奏的音樂都不一樣，天氣好的時候總是會有滿滿的人潮。

　　在交通上特別要注意的是，由於是在貝倫宮前表演，原通行Rua de Belém的電車或公車（如15E、714）會在這段期間提前停駛或繞道，最保險便利的方式是搭乘火車至Belém站，或搭728號公車至Est. Fluvial Belém站，再步行前往。

1.高難度的騎兵軍樂隊表演，令人驚嘆／2~3.騎兵們在馬上的英姿／4.在粉紅色總統官邸前的衛兵和軍樂隊

海事博物館
Museu de Marinha

不可錯過的葡萄牙航海史物

✉ Praça do Império, Belém, 1400-206 Lisboa │ ☎ (+351)210 977 388 │ ⏰ 5月1日～9月30日10:00～18:00(17:30最後入場)，10月1日～4月30日10:00～17:00(16:30最後入場) │ 休 1/1、復活節週日、5/1、12/25 │ 💲 成人全票6.5€，4～12歲及65歲以上3.25€，3歲以下免費 │ ➡ 15號電車至Centro Cultural Belém站步行2分鐘 │ ⏳ 1～2小時 │ http ccm.marinha.pt/pt/museu │ MAP P.125/C5

於1863年創立的海事博物館，是當時的路易須一世國王(D. Luís I)為了替葡萄牙的海權光輝留下見證而下令成立的，1962年後移址到現在位置，也就是哲若尼慕須修道院的一側。

除了有大航海時期的船艦模型、星盤、羅盤、地圖及許多記載當時發現新大陸及香料交易的繪畫和各類史物外，也涵蓋了較近代的漁業用船、皇家用船及戰艦技術等。對葡萄牙海權和航海技術發展過程感興趣者，一定會覺得此博物館充滿了寶藏。

1.在哲若尼慕須修道院一側的博物館入口／2.館內有著無數大航海時期文物／3.博物館入口處，有一幅葡萄牙海權時代地圖

哲若尼慕須修道院
Mosteiro dos Jerónimos

貝倫區必去第一景點

✉ Praça do Império 1400-206 Lisboa │ ⏰ 週二～日。5～9月10:00～18:30(18:00最後入場)，10～4月10:00～17:30(17:00最後入場) │ 休 週一及特定國定假日(1/1、復活節週日、5/1、6/13、12/25) │ 💲 成人票10€，學生及65歲以上5€，12歲以下免費 │ ➡ 15號電車至Mosteiro Jerónimos │ ⏳ 1～2小時 │ http www.mosteirojeronimos.gov.pt │ MAP P.125/C5

1983年入選為UNESCO世界文化遺產，是葡萄牙曼奴埃爾建築風格中的代表作，始建於1501年，花了一個世紀才建造完成。

當時為了這個支付修道院的巨大花費，國王更創了一個稅收「Vintena da Pimenta」，即是所以海外進入葡萄牙的黃金、香料，寶石等，通通賦以5%的稅以用來支付興建修道院的費用。修道院士們除了負責為國王的靈魂祈禱外，也總在出航前安撫那些準備要航向未知與巨大變數的航海家們。

在此有許多對葡國歷史非常重要的人物之墓，包括海權國王曼奴埃爾一世、發現印度的達‧迦瑪船長、著有《盧濟塔尼亞人之歌》的路易須‧德‧卡莫依須(Luís de Camões)，以及20世紀葡國最重要的作家及詩人佛南度‧佩索亞(Fernando Pessoa)之墓。

向南的入口側(圖片提供／DGPC, 作品名稱／Fachada sul, 攝影／Jocó Paulo Пиаз)

七號橋墩展望台
Experiência Pilar 7
與4月25日大橋零距離接觸的展望台

✉ Avenida da Índia, Pilar 7 da Ponte 25 de Abril, 1349-028 Lisboa ｜ ☎ (+351)211 117 880 ｜ 🕐 10:00～20:00(19:30最後入場) ｜ 💲 成人票6€，學生及65歲以上4€，5歲以下免費 ｜ 🚃 15號電車至Estação de Santo Amaro站步行7分鐘 ｜ ⏱ 1～2小時 ｜ http www.visitlisboa.com ｜ ❓ 欲體驗3D虛擬登橋體驗需另外付費1.5€ ｜ MAP P.125/C1

2017年正式開放的景點，不只是個和4月25日大橋的橋面等高的展望台，更是可以完整體驗這座大橋的歷史和建築工藝的獨特景點。

從逼真的360度登橋體驗開始，走過橋梁物理原理、建橋時的歷史及影片等，又利用大型緩慢模擬建築工人用的電梯、鏡子倒影等手法，讓人真的走進了這座橋，也能近距離觀看實際上正支撐著這座橋

梁的巨型纜繩。最後踏上透明地板的突出展望台，體驗以360度全景眺望特茹河，做為完美的句點。

1.七號橋墩的入口／**2.**體驗以360度全景的透明觀景台(以上圖片提供／Turismo de Lisboa)

發現者紀念碑
Padrão dos Descobrimentos

紀念過往的海權榮光

✉ Avenida de Brasília, 1400-038 Lisboa │ ☎
(+351)213 031 950 │ ⏰ 5～9月10:00～19:00
(18:30最後入場)，10～4月週二～日10:00～
18:00(17:30最後入場) │ 休 1/1、5/1、12/25、10
～4月週一 │ $ 成人票6€，13～25歲3€，65歲
以上5€，12歲以下免費 │ ➡ 15號電車至Mosteiro
Jerónimos站步行7分鐘 │ ⏱ 0.5～1小時 │ http
padraodosdescobrimentos.pt │ MAP P.125/D5

　始建於1940年的萬國博覽會，因材料多
為木材及鐵等不耐腐蝕，於1960年恩里克
王子逝世500週年紀念時重建，1985年再
進行內部整修開放頂樓觀景台，才成為今
日我們所見的紀念碑。

　紀念碑最前方站著的即是恩里克王子，
其後兩側支持著他前進的多為航海家及
葡萄牙皇室，也有畫家、詩人、作家、傳教
士等對航海發展重要的葡萄牙人。

Belém, Alcântara

在紀念碑前的廣場上，有著直徑50公尺的羅盤玫瑰(Rosa dos ventos)，是南非在恩里克王子逝世500週年紀念時送給葡萄牙的。中央的世界地圖標示著，在航海時代葡萄牙人首次航行到達的路線，世界各地來的觀光客，都會在這裡找尋幾個世紀前和葡萄牙人曾有過的交集。

1. 最上方的觀景台可將特茹河、4月25日大橋及整個貝倫區美景盡收眼底／**2.** 幾個世紀前葡萄牙人就是從這裡出發航向未知的海域／**3.** 廣場前人來人往的羅盤玫瑰／**4.** 入口處寫著「獻給亨利王子及那些發現新航路的葡萄牙人」(AO INFANTE D. HENRIQUE E AOS PORTUGUESES QUE DESCOBRIRAM OS CAMINHOS DO MAR)

Carris交通博物館
Museu da Carris

電車愛好者的朝聖地

✉ Rua 1º de Maio 101～103, 1300-472 Lisboa｜☎ (+351)213 613 087｜🕐週一～六10:00～18:00 (17:30最後入場)｜休週日及國定假日｜💲成人票4€，7～18歲及65歲以上2€，6歲以下免費｜➡ 15號電車至Estação de Santo Amaro站步行1分鐘｜⧖1～2小時｜http museu.carris.pt｜MAP P.125/B2

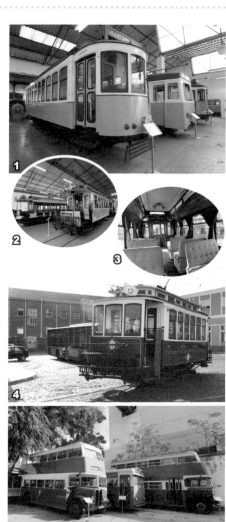

里斯本風情畫中不可或缺的一角——黃色傳統路面電車，是Carris公司在1996年大規模地將車內規格現代化，並同時維持其傳統外觀的成果。

創立於1872年，Carris負責營運里斯本的電車、公車和升降機，它不單只是一家交通公司，更是里斯本城市化過程中的要角。透過大量的館藏，彷彿我們也從19世紀的老里斯本一路走回到現在。

館內一共有三個分館，分館之間是以舊式路面電車接駁參觀訪客，車內的古典裝潢似乎一瞬間讓人回到了20世紀初，相當新鮮有趣。

1~2. 黃色路面電車讓人像坐了時光機一般回到19世紀的里斯本／**3~4.** 分館間的接駁電車也充滿著復古風情／**5.** 一度存在於20世紀中後期的雙層巴士

LxFactory
成功的重生計畫

①

②

　　在19世紀中，這裡是名符其實的里斯本工廠，主要是紡織廠，周邊也有員工宿舍、學校等，自成一個小社區。20世紀中後，紡織業榮景不再，一度入駐的印刷工廠也遷出，這一帶就完全成為廢棄工廠。它的重生計畫在2008年開啟，現有超過200家公司入駐，有餐廳、酒吧、咖啡廳、書店、各種服飾店家及個人工作室，已成為了里斯本最重要的藝文及飲食重鎮。

　　重建計畫保留了很大一部分的廠房，也特意留下一些毀損的部分，加上有許多街頭藝術家在此留下的作品，形成了工業藝文的特殊氛圍，從白天到深夜都有能駐足的店家。有各種風格的餐廳酒吧，其中Rio Maravilha以其能眺望河景的屋外陽台最知名，還有以巧克力蛋糕聞名的Landeau Chocolate(見P.136)、和紐約風重乳酪蛋糕專賣店的Lxeese Cake(見P.137)，以精品咖啡為招牌的Wish Slow Coffee House(見P.136)等，都讓人流連忘返。每週日這裡都有假日市集，更多了些有趣的攤位。

✉ Rua Rodrigues de Faria 103, 1300-501 Lisboa | ☎ (+351)213 143 399 | 🕐 全日開放，各店家營業時間不定需個別查詢 | 💲 免費入場 | ➡ 15號電車至Calvário站步行2分鐘 | ⏱ 1~2小時 | 🌐 lxfactory.com | 🗺 P.125/B1

③

④

⑤

1~2.LxFactory可說是里斯本街頭藝術大本營／3.利用文創藝術飲食使廢棄工廠重獲新生／4.Rio Maravilha的陽台風景是其招牌／5.原址是印刷公司的書店Ler Devagar相當有看頭

1

藝術建築與科技博物館
MAAT(Museu de Arte, Arquitetura e Tecnologia)

貝倫區的新地標

✉ Avenida Brasília, 1300-598 Lisboa ｜ ☎ (+351) 210 028 130 ｜ 🕐 11:00～19:00，12/24及12/31兩天為11:00～15:00 ｜ 休 週二及1/1、5/1 ｜ 💲 成人全票5€，64歲以上及學生2.5€，18歲以下免費 ｜ ➡ 15號電車至Hosp. Egas Moniz後步行9分鐘，或搭乘火車至Belém站後步行9分鐘 ｜ ⏳ 1～2小時 ｜ http www.maat.pt ｜ ❓ 可與一旁的舊電力博物館的中央館(Central Tejo)購買聯票 ｜ MAP P.125/C3

2

3

　MAAT令人目不轉睛的白色流線建築主體，是由法國藝術家多米尼克‧岡薩雷‧福斯特(Dominique Gonzalez-Foerster)特別設計，這裡結合藝術、建築與科技，是里斯本最新一代的現代藝術博物館。2016年才正式開幕，由葡萄牙國家電力公司基金會(Fundação EDP)主持贊助，舉辦許多支持藝術發展的活動及藝術獎，鼓勵新生代藝術家創作，並支持葡萄牙藝術與建築的永續發展。

　內部展示20世紀初以來的藝術家作品，諸如影音或圖像，也有大型的裝置藝術，同時也有許多不定期的主題展。

　MAAT旁的中央館，除了主要是現代藝術展場外，也可以參觀舊時的鍋爐發電設備，附設的電力科學館，有很多實驗裝置，是個可以舉家同樂的小科博館。

1.MATT是貝倫區河濱新地標／2.一定要到MAAT的屋頂上眺望河景／3. 中央館

阿茹達宮
Palácio Nacional da Ajuda

華美的「未完成」皇室宮殿

✉ Largo Ajuda 1349-021, Lisboa │ ☎ (+351)210
732 319 │ ⏰ 週二～日10:00～18:00(17:30最後入
場) │ 休 週一、1/1、復活節、5/1、6/13、12/24、
12/25 │ $ 成人全票5€，65歲以上和學生2.5€，
12歲以下免費 │ ➡ 從商業廣場乘坐760號公車至
Palácio da Ajuda站，或由哲若尼慕須修道院乘坐
729號公車至Rua do Jardim Botânico後步行8分
鐘 │ ⏳ 1～2小時 │ http www.palacioajuda.gov.pt │
MAP P.125/A4

①

在1755年里斯本大地震後，原來位於現今商業廣場的皇宮全毀，國王喬賽一世(D. José I)下令在未受地震與海嘯影響的貝倫區以北的高地阿茹達興建新皇宮，並採用較能抵抗地震的木製建築，在1761年建成，卻在1794年因一場大火全毀，現在我們看到的新宮殿，是1802年再次設計而成為新古典風格建築。

之後因拿破崙攻入里斯本，阿茹達宮始終沒有真正完工，終於在1861年開始重啟工程，但最後也只完成了原訂設計的三分之一左右。

阿茹達宮在1910年葡萄牙成為共和國後即關閉，到1968年以降才重新開放給一般大眾參觀。1996年又有過一次重大的修復工程，我們才能看到今日每個轉角的華美裝飾及精緻的皇室收藏品。最令人驚嘆的是直逼凡爾賽宮的豪華宴會廳，富麗堂皇又氣派的餐具擺設，彷彿皇室就要馬上接著舉行重大晚宴似的，可稱得上是里斯本最值得參觀的宮殿！

②

1.皇宮外觀／**2.**王位廳(以上圖片提供／DGPC, 作品名稱／1.Fachada、2.Sala do Trono, 攝影／Henrique Ruas)

馬車博物館
Museu Nacional dos Coches

藉著華美馬車走過葡國皇室歷史

✉Avenida da Índia 136, 1300-300 Lisboa | ☎ (+351)210 732 319 | 🕐週二〜日10:00〜18:00(17:30最後入場) | 休週一、1/1、復活節、5/1、6/13、12/24、12/25 | 💲成人全票8€，65歲以上和學生4€，12歲以下免費 | ➡15號電車至Belém站後步行3分鐘 | ⏳1〜2小時 | http museudoscoches.pt | ❓可和不遠處的舊館一起購買聯票，但舊館12:30〜14:00不開放，若要前往參觀請留意時間 | MAP P.125/C4

大部分的里斯本人總會有曾參觀過舊時的馬車博物館(Picadeiro Real)，看到所有的馬車都堆在一起，狀態非常差的回憶。1905年開幕的馬車博物館(相較於現在來說的舊館)，是以皇家馬車為主要的展覽內容，在1910年後葡萄牙變成共和制，擠進了葡國各地的皇家馬車，空間明顯不足，在1944年擴建新的空間，但仍持續處於擁擠的狀態。在2010年新的馬車博物館在舊館旁動工，馬車也被陸續修復，終於在2015年，新馬車博物館正式開幕。

館藏著16世紀以來的馬車，除了精美的皇家馬車及其配件外，也有近代各地名流使用的各式車輛，英製、法製、葡製等與不同時空背景下的風格，豐富的館藏讓人彷彿走了一趟5個世紀的歐洲馬車歷史。

1.寬敞的陳列空間／**2〜3.**皇家馬車的細節令人嘆為觀止(以上圖片提供／DGPC MNCoches)

里斯本少見的精品咖啡館 🖵

Wish Slow Coffee House

✉LxFactory, Rua Rodrigues de Faria 103, 1300-501 Lisboa｜📞 (+351)213 933 035｜🕐08:30～19:30｜💲2～5€｜➡15號電車至Calvário站步行2分鐘｜⏳1～1.5小時｜http www.wish.com.pt｜⁉不可使用筆電｜MAP P.125/B1

　　這裡是里斯本少數可以喝到精品咖啡的咖啡館，來自不同國家的精品咖啡豆都是當日現磨，讓許多咖啡愛好者慕名而來。除了各式咖啡，這裡也提供早午餐、輕食、果汁、酒精或無酒精飲料。

　　受歡迎的餐點有經典可頌、多種口味的貝果、法式鹹派與每日不同口味的手工蛋糕，嘗得出他們對食物別具巧心。這裡同時也是對素食愛好者非常友善的地方，有多種沙拉可供選擇。

1.來杯拉花拿鐵／2.真材實料的鮭魚培果／3.處處皆有綠色盆栽的擺設，讓店內充滿綠意

里斯本最好吃的巧克力蛋糕 🖵

Landeau Chocolate

✉LxFactory, Rua Rodrigues de Faria 103, 1300-501 Lisboa｜📞 (+351)217 278 939｜🕐週日～四12:00～19:00，週五、六12:00～23:00｜💲1～5€｜➡15號電車至Calvário站步行2分鐘｜⏳0.5小時｜http www.landeau.pt｜⁉巧克力蛋糕上有可可粉，小心不要被嗆到｜MAP P.125/B1

　　濃郁的巧克力慕絲加上底層綿軟的巧克力蛋糕，最後再撒上可可粉，配一杯自己喜好的咖啡，Landeau徹底征服了里斯本人的心，是目前被評選為巧克力蛋糕最好吃的咖啡店。

　　除了必點的經典巧克力蛋糕外，各式咖啡也都能感受到他們的用心，要是覺得還想再多補充點巧克力的話，熱可可也是非常熱門的飲品。

1~2.令人放鬆的復古工業風，天氣好的時候室外可是一位難求／3.下午就用美味的巧克力蛋糕和咖啡提起精神吧

里斯本最古老的百年蛋塔名店

貝倫蛋塔店
Pastéis de Belém

✉ Rua de Belém 84-92, 1300–085 Lisboa｜☎ (+351)213 637 423｜🕐 08:00～23:00(7～9月 08:00～00:00，12/24、12/25、12/31、1/1營業 至19:00)｜💲1～5€｜➡15號電車至Musteiro Jerónimos站步行1分鐘｜⏳0.5小時｜http pasteisdebelem.pt｜❓排隊有分內用及外帶，外 帶隊伍通常不用等待太久｜MAP P.125/C4

原址為糖的精製廠，在1820的自由革命 中，一旁的哲若尼慕須修道院的修道士通 通被趕了出來，修道院士們為了生計開始 在這裡販賣他們之前在修道院製作的蛋

塔，因非常受歡迎，最後在1837年成立了 貝倫蛋塔店。

當時里斯本市區的陸地並未和貝倫區 相通，士紳名流們甚至會坐著蒸氣船到這 家店買蛋塔。也因為這家店的成功，蛋塔 成為最有名的修道院甜點，據說至今這家 店仍沿用著開店之初留下來的祕傳配方。

吃蛋塔時，多數的里斯本人會在上面撒 上肉桂粉，也有人會再多撒上糖粉，不妨 斟量試試，找到自己喜歡的口味喔！

1.貝倫蛋塔店前方地上的葡式石塊路鋪著1837年創 始年分，總是滿滿排隊人潮／2.來盤百年配方的蛋塔 配上一杯葡式咖啡(圖片提供／Amelia Chen Nery)

真材實料的紐約風重乳酪蛋糕店

Lxeese Cake

✉ LxFactory, Rua Rodrigues de Faria 103, 1300-501 Lisboa｜☎ (+351)212 492 282｜🕐週二～日 11:00～19:30｜休週一｜💲2～5€｜➡15號電車 至Calvário站步行2分鐘｜⏳0.5～1小時｜MAP P.125/B1

正統紐約風重乳酪蛋糕，除了原味還有 許多變化，如經典紅莓、焦糖鹽味、檸檬 派、香蕉焦糖、無花果蜂蜜等，百分之百真 材實料，口感扎實豐富。

除了可以來一片蛋糕，配上茶或咖啡， 享受半小時的悠閒時光，也可外帶整個6

人份或10人份的蛋糕，慶生開趴。

這家店一進 駐LxFactory 即得到很好的 迴響，大概是 大家發現了原 來乳酪蛋糕可 以這麼濃郁好 吃，而不是一 般葡國咖啡廳 裡像奶酪似的 偽乳酪蛋糕！

1.室內室外都是清爽的空間／2.濃郁扎實的重乳酪， 配茶或咖啡更美味

新大道區
Avenidas Novas

里斯本的地理中心區，
充滿綠意、時而喧囂的大道，與安靜的辦公區、住宅區互相交錯，
觀光景點雖不多，
卻是相對悠閒，且較能展現當地人生活樣貌的一區。

熱門景點

鬥牛場
Campo Pequeno

小型購物中心及活動展場

華麗的紅磚圓頂鬥牛場

✉ Centro de Lazer Campo Pequeno, 1000-082 Lisboa | 📞 (+351)217 981 420 | 🕐 博物館 4~10月 10:00～19:00，11~3月10:00～18:00；購物中心 10:00～23:00 | 💲博物館含鬥牛場參觀全票5€ | ➡ Metro黃線Campo Pequeno站 | ⧗ 0.5～1小時 | 🌐 www.campopequeno.com | ⁉ 鬥牛場有特殊活動時，參觀時間會有所更動，詳情請見官網 | 🗺 P.139

　鬥牛場落成於1892年，建於里斯本自18世紀就存在的鬥牛廣場上，有著圓頂的阿拉伯風格建築，其內有直徑80公尺的鬥牛場，可容納8,000多名觀眾。隨著葡萄牙的鬥牛表演(Tauromaquia或Tourada)漸漸式微，即便在鬥牛的季節，一個月也僅有一～二場表演。

　里斯本市中心的小鬥牛場逐漸成為展場、演唱會及各種活動中心，例如每年的巧克力展(O Chocolate em Lisboa)、美食展(Mercado Gourmet)、酒展(Mercado de Vinhos)等，幾乎都是在此進行。其下方是有80家店的購物中心，另外也附有餐廳及影城。

大道區地圖

鬥牛場 Campo Pequeno

Campo Pequeno M

Areeiro M

卡魯斯特・荀貝基恩博物館 Museu Calouste Gulbenkian

O Funil

Mesa do bairro

Choupana Caffé

Frankie Hot Dogs

Alameda M

Instituto Superior Técnico大學

São Sebastião M

L'Éclair

Saldanha M

Pastelaria Versailles

英國宮百貨 El Corte Inglés

Colina

薩爾達尼亞中庭百貨 Atrium Saldanha

Parque M

Anjos M

Marquês de Pombal M

自由大道 Avenida da Liberdade

N

卡魯斯特・苟貝基恩博物館
Museu Calouste Gulbenkian

亞美尼亞巨富留給葡萄牙的大禮物

✉ Avenida de Berna 45A, 1067-001 Lisboa │ ☎ (+351)217 823 000 │ 🕐 週三～一10:00～18:00(最後入場17:30) │ 休 週二 │ 💲 創立者收藏館及現代館全票10€，未滿29歲及65歲以上5€，12歲以下免費 │ ➡ Metro藍線São Sebastião或Praça de Espanha站步行2分鐘 │ ⏳ 1～2小時 │ http gulbenkian.pt │ ⁉ 每週日14:00後免費入場 │ MAP P.139

1869年生於顎圖曼帝國的亞美尼亞(Arménia)商人卡盧斯特・苟貝基恩(Calouste Gulbenkian)，至英國求學，於20世紀初成為英國人，主要因在中東石油生意的成功，成為當時全球數一數二的巨富，由於他在經商過程總會固定收取5%的佣金，也因此在業界被戲稱為5%先生(O Senhor Cinco Por Cento)，在二戰時移居里斯本，在此度過晚年，於1955年過世。

根據他的遺囑，成立了國際基金會(Fundação Calouste Gulbenkian)，在英國跟法國都有據點，贊助人文、教育、藝術、科學及人權發展等領域。

除了可以參觀精美的歐亞收藏品(Coleção Fundador)及現代藝術品(Coleção Moderna)外，不定期會有許多免費展覽及藝文活動，占地7.5公頃的基金會，基本上是一個充滿綠意的大公園，有餐廳、咖啡館、池塘及許多有樹蔭的石椅可供休息。

1.跟自然融為一體的博物館／2.卡盧斯特・苟貝基恩的雕像／3.精緻度滿點的歐亞收藏品／4.現代藝術館展出葡萄牙在不同年代風格各異的作品

逛　街　購　物

西班牙來的貴婦百貨公司

英國宮百貨
El Cortc Inglés

✉ Avenida António Augusto de Aguiar, 31 1069-413 Lisboa｜☎ (+351)213 711 700｜🕐 週一～四10:00～22:00，週五、六10:00～23:00，週日10:00～20:00｜🚇 Metro藍線São Sebastião站｜⏳ 1～2小時｜🌐 www.elcorteingles.pt｜❓ 7樓美食餐廳營業時間至較晚，週日～四至23:00，週五、六至00:00｜🗺 P.139

最接近市中心的現代化中型百貨公司，食衣住行全包外也附有影城，提供觀光客退稅服務，且時常有針對觀光客的集點優惠，可多加利用。

7樓的美食餐廳(Gourmet Experience)可以說是個小Time Out，聚集了許多熱門主廚的主題餐廳，如José Avillez的Tasca

Chic及Henrique Sá Pessoa的Balcão，也有最精緻高級的葡國傳統修道院甜點店ALCOA，以及近年大受年輕人歡迎的慕絲巧克力蛋糕店Landeau。

美食餐廳的另一邊也有葡國及各國進口的高級香料雜貨店、火腿鋪及酒窖，不小心就會失手買太多呢。

1.Metro出站即可看到百貨入口／**2.**到7樓美食餐廳的戶外陽台呼吸一下新鮮空氣吧／**3.**香料區，葡萄牙果然是有著悠久香料歷史的國家／**4.**逛累了可以試試ALCOA的蛋黃小栗子，和咖啡是絕配／**5~6.**Tasca Chic餐廳的伊比利黑豬跟墨魚鮮蝦飯都無可挑剔

自由大道(Avenida da Liberdade)

說這條街道為里斯本的「香榭麗舍大道」一點兒也不為過，從Metro藍線Restauradores經Avenide到Marquês de Pombal短短不到1.5公里的距離，有超過30家的國際精品服飾名錶及配

件店，是里斯本購物一街，街道充滿綠意且整齊寬闊，漫步在這裡真的好像到了巴黎呢。

自由大道在19世紀中後建設之初，的確是參考了法國巴黎的街道設計，是當時里斯本市區向北推進的高級地段，多為富人買下做為住宅或商業使用。因其環境優美，交通方便，今日有許多五星級飯店與大企業的總部位於此地，更有許多大使館也設立於此，台灣的代表處也在其中之一。

這裡是里斯本最具代表性的遊行大街，如每年6月12日晚上的里斯本慶典大遊行，以及4月25日康乃馨革命紀念日，也會在紀念自由精神的自由大道上有大規模的遊行活動。

1.自由大道兩側皆有以葡式石塊路鋪成、充滿綠意的人行道／**2.**各大名牌精品的聚集之地

商業辦公區的小型百貨公司

薩爾達尼亞中庭百貨
Atrium Saldanha

✉ Praça Duque de Saldanha 1, 1050-094 Lisboa │ ☎ (+351)213 170 850 │ ⏰ 10:00～23:00 │ ➡ Metro藍線Saldagne站步行3分鐘 │ ⏳ 1～2小時 │ http www.atriumsaldanha.pt │ MAP P.139

1998年開業，是商業辦公大樓中的小型購物中心，有78家店進駐在1～3樓，大多為中價位國際服飾品牌。B1有頗多美食選擇，傳統葡菜或是亞洲菜、素食料理

等都可以找到，附近由於是辦公商圈，平日總會看到非常多上班族在午餐時間過來用餐跟購物。

3.位於人來人往的Saldanha圓環旁／**4.**明亮的百貨中庭

美食餐廳

最道地的法式閃電泡芙名店
L'Éclair

✉ Av. Duque de Ávila 44, 1050 083 Lisboa | ☎ (+351)211 363 877 | 🕐 週一～五07:30～20:00，週末09:30～19:00 | 💲5～10€ | ➡ Metro黃線或紅線Saldanha站步行2分鐘 | ⏳ 0.5～1小時 | http www.l-eclair.pt | MAP P.139

若要在里斯本選一家最棒的法式甜點下午茶，就一定是L'Éclair了！

不同於葡萄牙一般未隨著創新及改進口感的法式甜點，這家閃電泡芙專賣店，可說是跟著法國當代甜點的腳步，除了有經典口味外，也有許多創新的口味組合，如堅果配柑橘類或是巧克力與當季水果，他們在用料上的品質要求非常高，巧克力選用了法國最高級巧克力Valrhona，

下午茶的經典茶款也是選用法國進口的名茶品牌Mariage Frères，在這裡似乎覺得自己到了巴黎。

1.環境高雅的下午茶好去處／**2~3.**有經典也有創新口味的閃電泡芙

裝潢極其華麗的歷史糕點名店
Pastelaria Versailles

✉ Avenida da República 15A, 1050-185 Lisboa | ☎ (+351)213 546 340 | 🕐 07:15～23:00 | 💲3～15€ | ➡ Metro黃線或紅線Saldanha站步行1分鐘 | ⏳ 0.5～1小時 | MAP P.139

創立於1922年，以法國巴黎近郊的凡爾賽命名，內部的裝潢也向凡爾賽宮看齊，無論是牆上的畫作，或是天花板的雕花跟玻璃燈，都讓人誤以為真的到了法國。

這間甜點店是里斯本非常有名的歷史老店，據說在此可以買到最多種類的糕點，糕點的新鮮度也有保證。

午餐跟晚餐時間也會供應傳統葡式餐點，特別是午間特餐非常划算，總是人潮

不斷，建議若是要用餐儘量避開尖峰時段。

1.里斯本難得一見的凡爾賽風華麗咖啡館／**2.**玻璃櫃內擺滿了各種賞心悅目的甜點

葡菜新作的平價精緻料理
O Funil

✉ Rua Serpa Pinto 10 A, 1200-445 Lisboa | ☎ (+351)213 420 607 | 🕐 週二～六12:30～15:00、18:30～23:00 | 休 週日、一 | 💲 50～300€ | ➡ Metro綠線及藍線Baixa-Chiado出站步行2分鐘 | ⏳ 1～2小時 | http www.ofunil.pt | MAP P.139

　　成立於1971年的老字號餐廳，2014年餐廳在裝潢及料理導入了現代元素，成為新大道區有名的精緻飲食餐廳，將傳統葡菜以現代手法呈現，也加入了幾道主廚招牌義大利麵，中午有非常超值的午餐，有幾道料理可供選擇。

　　番茄燉魚／海鮮鍋(Cataplana de peixe／marisco)、鮟鱇魚及蝦燉飯(Arroz de tamboril e camarão)、各種烤魚及常見的鹽漬鱈魚料理都是招牌，最後餐廳自豪的巧克力蛋糕也非常推薦，值得一嘗。

1～2.義大利麵(Spaghetti a la forma)在巨大乳酪上做最後調味，加上蘑菇醬及火腿，在葡菜餐廳吃到義式絕品美味一點也不奇怪／3.現代感、舒適的環境

豪邁的美式熱狗配啤酒最棒了
Frankie Hot Dogs

✉ Rua Alves Redol 13, 1000-030 Lisboa | ☎ (+351) 214 003 781 | 🕐 12:00～00:00 | 💲 5～10€ | ➡ Metro黃線及紅線Saldanha站步行6分鐘 | ⏳ 1小時 | http www.frankiehotdogs.pt | ❓ 平日中午用餐尖峰時段(13:00～14:00)人潮非常多，建議儘量避開 | MAP P.139

　　號稱里斯本最好吃的熱狗，熱狗本身有辣跟不辣兩種口味可選，可依自己喜好選擇不同口味的組合。

　　到這裡不要考慮熱量，只要專心把熱騰騰的熱狗夾著麵包跟醬料一起滿足地入口，再配上一杯啤酒，實在是太令人放鬆了！熱狗的大小偏細長，通常還會再搭配馬鈴薯、洋蔥圈等配菜，和熱狗一樣熱呼呼上桌。

　　餐廳旁邊就是葡萄牙最有名的理工學院Instituto Superior Técnico，在平日中午身邊一起排隊的年輕人，幾乎都是未來的科學家跟工程師喔！

1～2.典型美式速食餐廳的風格環境／3.坐在窗邊輕鬆吃點美味速食

Avenidas Novas

舒適環境下享用輕食與咖啡 ☕
Choupana Caffé

✉Avenida da República 25A, 1050-186 Lisboa | 📞
(+351)213 570 140 | 🕐07:00～20:00 | 💲5～10€ |
➡Metro黃線或紅線Saldanha站步行1分鐘 | ⏳
0.5～1小時 | 🌐www.choupanacaffe.pt | 🗺P.139

　　只要在營業時間內，隨時都供應著輕鹹
食或甜點，來杯新鮮果汁和咖啡，在舒適
的環境裡悠閒用餐。這裡也有推出10:00
～16:00、週末限定的早午餐Brunch，有新
鮮果汁、可頌、炒蛋、乳酪、火腿、鮭魚或
火雞等，最後還加上鬆餅，簡直可以飽上

一整天！店
內一角也陳
列著不少果
醬、香料、
茶、咖啡等
嚴選葡國或
國際品牌的
食物雜貨。

1.給人安心舒適感的鄉村木質內裝／**2.**多種鹹食與甜
點任君挑選

上班族的慢食午餐地 🍴
Mesa do bairro

✉Rua Reis Gomes 10, 1000-291 Lisboa | 📞
(+351)308 812 481 | 🕐12:30～15:00、19:30～
23:00 | 💲10～20€ | ➡Metro黃線Campo
Pequeno站步行10分鐘 | ⏳1小時 | ❓平日中午
用餐時段一定要訂位 | 🗺P.139

　　料理主要是經典葡菜，但經過主廚的重
新詮譯，口感及層次更加豐富。燉臉頰肉、
烤章魚及牛排是這裡餐桌上常見的點菜，

煎魚排及彈牙的蝦料理也令人回味無窮。

　　這裡的料理分量較一般餐廳適中，通常
是一個人可以吃完還能點個甜點的程度。
天氣好時不妨選在2樓的戶外陽台用餐，先
上點開胃小酒，邊等餐邊小酌可是很舒適
愉快的呢。

1.2樓清幽的戶外用餐環境／**2.**重新詮釋經典葡菜，
在口感上更升級的蝦料理Camarões à Brás

經典的美味葡菜餐館 🍴
Colina

✉Rua Filipe Folque 46, 1050-114 Lisboa | 📞(+351)
213 560 209 | 🕐12:00～00:00 | 💲10～15€ | ➡
Metro黃線及紅線Saldanha站步行4分鐘 | ⏳1小
時 | 🌐www.restaurantecolina.pt | 🗺P.139

　　傳統葡菜的老派餐館，舉凡魚蝦肉的經
典菜色都有，以阿連特茹地區的特色料理
聞名，而名菜「葡式雜燴」，在這家餐廳就
難得的提供單人
份，雖然分
量也是多
到能夠雙
人分食。

1.鹽漬鱈魚的入門菜色Bacalhau à Brás／**2.**經典葡
式老派餐館

世博公園區
Parque das Nações

在里斯本市的最東北方，
原是里斯本的重工業區，
在1998年的萬國博覽會才特別重整建造的河岸公園，
如今是里斯本最現代化且充滿綠意的一區。

熱門景點

里斯本海洋館
Oceanário de Lisboa

名不虛傳的歐洲第二大海洋館

✉ Esplanada Dom Carlos I, 1990-005 Lisboa | ☎ (+351)218 917 000 | 🕐 4～11月10:00～20:00(最後入場19:00)，11～3月10:00～19:00(最後入場18:00) | 💲 全票19€，4～12歲及65歲以上13€，3歲以下免費 | ➡ Metro紅線Oriente站出站步行14分鐘 | ⏳ 1.5～2小時 | 🌐 www.oceanario.pt | 🗺 P.147

可愛的潛水夫是里斯本海洋館的吉祥物

1998年里斯本萬國博覽會最重要的中心展場，同時也是目前葡萄牙海洋生物保育中心之一的里斯本海洋館，展示著超過500種的海洋生物，為歐洲第二大海洋館。

其最吸引人之處，是在館正中央，有著5,000立方公尺的鹹水魚缸，在兩層樓的海洋館中，不同位置可以看到不同大小的各種魚種，互惠互生，共同在此生活著，彷彿讓人真的置身海洋一般。

離開有著大水缸的主館後，可別忘了還有企鵝及水獺，時而奮力游泳，時而放空休息的模樣，總是吸引著好多人駐足圍觀。

世博公園區地圖

N

Torre Vasco da Gama

纜車(北站)
Telecabine

O Clube do Hambúrguer

Rua Mar da China

Rua do Mar Vermelho

Alameda dos Oceanos
Alameda dos Oceanos

Avenida Dom João II

Rua Polo Norte

Passeio das Tágides

Rua do Bojador

Cantinho do Avillez

里斯本國際博覽會
Feira Internacional de Lisboa

Avenida do Indico

大西洋館
Altice Arena

Metro Oriente /
Estação
do Oriente

達・迦馬購物中心
Centro Vasco da Gama

Avenida do Pacífico

特茹河
Rio Tejo

葡萄牙館
Pavilhão de Portugal

里斯本賭場
Casino de Lisboa

里斯本海洋館
Oceanário de Lisboa

Avenida do Mediterrâneo

科學博物館
Pavilhão do Conhecimento

纜車(南站)
Telecabine

纜車
Telecabine

居高臨下最能欣賞世博公園之美

✉ 北站：Passeio das Tágides, 1990-280 Lisboa；南站：e Passeio de Neptuno, 1990-280 Lisboa｜☎ (+351)218 956 143｜🕐 3/16～5/31及9/16～10/26 11:00～19:00；6/1～9/15 10:30～20:00；其餘日期11:00～18:00｜💲 單程：全票4€，5～12歲及65歲以上2.6€；來回：全票6€，5～12歲及65歲以上4€。4歲以下免費｜➡ Metro紅線Oriente站出站步行13分鐘｜⏳ 0.5～1小時｜http www.telecabinelisboa.pt｜❓ 纜車在南北兩站皆可買票及上下車｜MAP P.147

悠閒地在夕陽西下時，沿著河岸從纜車南站走到北站，再坐單程纜車回到南站，是個相當不錯的散步賞景行程。

南北站距離1.2公里，纜車單程約8分鐘，一旁的達·迦馬大橋長12公里，是西歐最長的大橋，橋面很低，河的對岸朦朧，彷彿像是大橋將河與天分開似的奇妙景色。

1.愜意欣賞特茹河及達·迦馬大橋的景色／2~3.纜車北站靠近Myriad Hotel(舊時的Torre Vasco da Gama)

世博公園好玩處

世博公園區無疑是里斯本最現代也是最充滿綠意的一區，有著萬博時期建造的新穎建築，如東方火車站(Estação do Oriente)、葡萄牙館(Pavilhão de Portugal)等，也有延續其精神並更發揚光大的海洋館(Oceanário de Lisboa)，及能欣賞里斯本河岸最美風景和歷久不衰的纜車。這裡是個可以輕鬆度過一整個下午悠閒時光的親河公園，不僅是遊客也是里斯本當地人喜愛的休閒區。

這裡主要建築的取名，都是為了向達・迦馬船長致意，例如有達・迦馬橋(Ponte Vasco da Gama)、達・迦馬塔(Torre Vasco da Gama)、達・迦馬購物中心(Centro Vasco da Gama)，而東方火車站也是因為達・迦馬船長發現東方的印度而取名的。

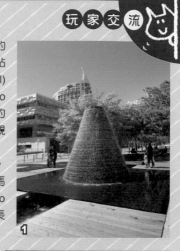

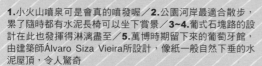

1.小火山噴泉可是會真的噴發喔／2.公園河岸最適合散步，累了隨時都有水泥長椅可以坐下賞景／3~4.葡式石塊路的設計在此也發揮得淋漓盡至／5.萬博時期留下來的葡萄牙館，由建築師Álvaro Siza Vieira所設計，像紙一般自然下垂的水泥屋頂，令人驚奇

逛 街 購 物

達・迦馬購物中心
Centro Vasco da Gama

✉ Avenida Dom João II 40, 1990-094 Lisboa │ 📞 (+351)218 930 601 │ 🕐 09:00～00:00 │ 💲 視個人預算 │ ➡ Metro紅線Oriente站旁 │ ⏳ 1.5～2小時 │ http www.centrovascodagama.pt │ ⁉ 建議避開週末逛起來會更輕鬆 │ MAP P.147

1999年開幕的大型現代化購物中心，直接連結地鐵站，有超過170家店及33家餐廳進駐，同時也有影城。包含各大國際品牌多有在此購物中心設櫃外，亦可以發現許多葡萄牙的當地平價品牌。

除了購物，基本上可以把這裡當成是遊覽世博公園區的據點，可以以此為中心，休息上洗手間之外，天氣好的時候在2樓美食街點自己喜愛的餐點，再走到半開放式大陽台用餐，能以非常經濟實惠的價格，享受到令人放鬆的超值景色。走到3樓，亦有景觀餐廳可供選擇。

整個購物中心是以海洋為主題，和東方火車站相互呼應的設計，在硬體設計上，如電梯、洗手間等，都可以看出巧思。明亮、開放充滿透明感的空間，讓人可以完全放鬆，儘情享受逛街購物的樂趣，時不時也可以抬頭看看透明天花板上是不是有停著休息的水鳥呢。

1.購物中心的戶外陽台向河岸眺望景色／2.出Metro站即可看到購物中心的入口

美食餐廳

美式手工現做，漢堡多汁美味
O Clube do Hambúrguer

✉ Rua Polo Norte 18, 1990-203 Lisboa │ 📞 (+351) 218 942 185 │ 🕐 08:00～23:00 │ 💲 10～15€ │ ➡ Metro紅線Orient站步行6分鐘 │ ⏳ 1小時 │ ⁉ 位子少，中午尖峰時段建議早點到 │ 🗺 P.147

里斯本近來非常火紅的手工美式漢堡專賣餐廳，其漢堡的選擇很多，除了牛肉漢堡外，還有豬肉、雞肉及素食，依配料不同，也會有推薦的搭配麵包。透明廚房，可以看到每份漢堡及配件的製作過程，完全不馬虎。

飲料方面除了經典的啤酒外，這裡的雞尾酒也是招牌，如Aipiclub(萊姆酒與水果)及Caipigin(琴酒和萊姆)，都是清爽順口的組合。

1.平日中午盡量在12點半前到人潮較少／**2.**廚房就是個show room／**3.**現作美式漢堡多汁好口味

名廚的葡式混搭風平價餐廳
Cantinho do Avillez

✉ Rua do Bojador 55, 1990-048 Lisboa │ 📞 (+351)218 700 365 │ 🕐 週一～五12:00～15:00、19:00～23:00，週末12:00～23:00 │ 💲 15～30€ │ ➡ Metro紅線Orient站步行10分鐘 │ ⏳ 1小時 │ 🌐 cantinhodoavillez.pt │ 🗺 P.147

葡萄牙第一名廚Avillez的家常餐廳(Cantinho do Avillez)分店之一，餐點品質有保證，位在世博公園區臨河的「餐廳一條街」上，和他在希阿都的分店相比，這裡的用餐環境與氣氛更佳。

1.蝦料理／**2.**鱈魚料理／**3.**愜意的室內外用餐環境(以上圖片提供／Grupo José Avillez)

西北區
盧米亞兒、卡爾尼德、班菲卡、大坎普
Lumiar, Carnide, Benfica, Campo Grande

里斯本的主要住宅區，
某些地區仍保留著舊村莊的部分面貌，
在這裡看到的是里斯本人純樸的生活，
里斯本兩個主要足球巨蛋也位於此。

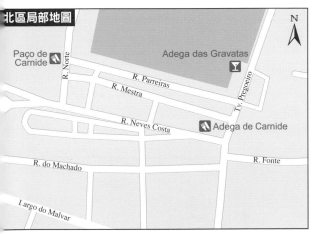

北區地圖

- Estr. da Pontinha
- Estr. da Correia
- tinha
- Carnide M
- Estr. de Praça
- Av. Cidade de Praga
- R. Norte
- Tv. Pregeiro
- Jardim da Luz
- Largo da Luz do Lumiar
- Estr. Paço do Lumiar
- 局部地圖
- Estr. da Luz
- 阿爾瓦拉德球場 Estádio José Alvalade (Sporting CP)
- Alameda das Linhas de Torres
- R. Cipriano Dourado
- Eixo Norte-Sul
- Telheiras M
- Campo Grande M
- Campo Grande
- Museu de Lisboa - Palácio Pimenta博物館
- Av. dos Condes de Carnide
- Av. do Colégio Militar
- 2ª Circular
- 波爾達路·平內汝博物館 Museu Bordalo Pinheiro
- Av. do Ururguai
- Av. Lusíada
- 哥倫布購物中心 Centro Colombo
- Estr. da Luz
- Eixo Norte-Sul
- Colégio Militar /Luz M
- Av. do Colégio Militar
- 路須球場 Estádio da Luz
- Cidade Universitária M
- Estr. de Benfica
- mundo
- Alto dos Moinhos M
- Laranjeiras M
- Estr. da Luz
- Av. Prof. Egas Moniz
- N

北區局部地圖

- Paço de Carnide
- R. Norte
- Adega das Gravatas
- R. Parreiras
- R. Mestra
- Tv. Pregeiro
- R. Neves Costa
- Adega de Carnide
- R. do Machado
- R. Fonte
- Largo do Malvar
- N

1.仙人掌市集／2.在Metro Telheiras站外的公園常會舉辦社區活動／3.Carnide是當地人熟知的餐廳聚集地

153

波爾達路·平內汝博物館
Museu Bordalo Pinheiro

葡萄牙近代最重要的藝術大師

✉ Campo Grande 382, 1700-097 Lisboa | ☎ (+351)215 818 540 | ⏰ 週二～日10:00～18:00 | 休 週一 | 💲 全票3€，13～25歲1.5€，65歲以上2.6€，12歲以下免費 | ➡ Metro綠線或黃線，自Campo Grande站出站，步行6分鐘 | http museubordalopinheiro.pt | ⏳ 1～2小時 | MAP P.153

波爾達路·平內汝(Bordalo Pinheiro)是葡萄牙近代最重要的藝術家與第一位時事漫畫家，他的創作品主要是畫作，及許多以動物和植物為題材的陶瓷作品，栩栩如生充滿動態感，也帶給了目前全球聞名的葡萄牙藝術家喬安娜·瓦須康塞盧(Joana Vasconcelo)非常大的啟發。

❶

❷

他更在1875年創造了澤‧波維尼奧(Zé Povinho)這個代表葡人藍領階級的人物，以他在政治敏感的當時諷刺時事，一畫就畫了將近30年，是葡人心中為平民發聲的代表。葡萄牙的象徵之一，燕子(Andorinhas)，也是因為他在19世紀末創作出許多燕子的瓷器與平面畫面，因而風行並流傳至今成為國家的象徵。

在博物館對面的波爾達路‧平內汝公園(Jardim Bordallo Pinheiro)，是藝術家喬安娜‧瓦須康塞盧向他致意，與平內汝工廠合作，創造出與公園融為一體、生動有趣的動植物瓷器，提供里斯本人一個藝文休閒空間。

1.博物館入口／2~3.栩栩如生的陶瓷作品／4.聞名的澤‧波維尼奧小瓷像／5~6.波爾達路‧平內汝公園內生動的瓷製小動物，充滿尋寶般的趣味

在里斯本看足球

葡萄牙和許多歐洲國家一樣，最風行的運動是足球，葡萄牙人對足球的的熱愛可不是三言兩語可以道盡。葡萄牙最重要的職業足球聯盟Primeira Liga(或稱Liga NOS)中的足球三巨頭，除了在波爾圖(Porto)的FC Porto外，另兩支球隊皆在首都里斯本，分別為體育CP(Sporting CP)及班菲卡(SL Benfica)，皆創立於20世紀初。

全球知名的足球明星C羅(Cristiano Ronaldo)即是從體育CP發跡，而班菲卡則是號稱擁有葡萄牙近5成的足球迷人數，也最常在葡萄牙足球超級聯賽中

居冠。若是遇到里斯本德比賽(Derby de Lisboa)，體育CP對上班菲卡可是全城的大盛事，到處可見身著紅色(代表班菲卡)及綠色(代表體育CP)的球迷，賽前賽後不只是球場周邊喧囂非凡，可觀看球賽的咖啡館跟酒吧也是熱鬧得不得了。

球場平日通常會舉辦歐洲聯盟的賽事，而週末以葡萄牙國內聯盟的比賽居多。在

賽事開始前，球場外會聚滿了小食餐車，賣著經典牛扒包、豬扒包、美式漢堡跟熱狗等，對許多球迷來說，先和好友和家族聚一起在路邊吃喝飽食放鬆心情，也可算是球賽重要的一部分呢。

體育CP的巨蛋阿爾瓦拉德球場(Estádio do Sporting Clube de Portugal或稱Estádio José Alvalade)，是里斯本最大的一個足球場，位於Metro黃線及綠線Campo Grande站，附有體育CP博物館。

班菲卡的巨蛋(Estádio Sport Lisboa e Benfica或稱Estádio da Luz)，音譯為路須球場，位於Metro藍線Colégio Militar／Luz站，其所在地區名稱Luz葡文有「光明」之意，因此又被稱為光明球場，同樣附有博物館。兩者在非賽事期間，也可參觀巨蛋，建議於官網查詢可參觀時間。

阿爾瓦拉德球場Estádio José Alvalade

✉ Rua Professor Fernando da Fonseca, 1501-806 Lisboa

http www.sporting.pt

🄲 博物館：週二～日10:00～18:00

🄿 購票方式：www.sporting.pt選擇右上角「En」→「TICKETS AND GAMEBOX」→「NEXT GAMES」

路須球場Estádio da Luz

✉ Av. Eusébio da Silva Ferreira, 1500-313 Lisboa

http www.slbenfica.pt

🄲 博物館：週二～日10:30～18:00

🄿 購票方式：www.slbenfica.pt選擇右上角「En」→「TICKETS」→「MATCHES」

1~2.路須球場及球賽日，一片火紅讓人充滿熱情(圖片提供／Museu Benfica)／**3~5.**綠白相間的條紋是Sporting CP的象徵(圖片提供／Museu Sporting)

逛街購物

以航海主題打造的購物商場

哥倫布購物中心
Centro Colombo

✉ Avenida Lusíada, 1500-392 Lisboa | ☎ (+351)217 113 600 | 🕐 09:00～00:00 | 🚇 Metro藍線Colégio Militar站旁 | ⏱ 2～3 小時 | http www. colombo.pt | ❓ 建議儘量避開週末逛起來會更輕鬆 | MAP P.153

里斯本最大的購物中心，有超過340家店及60家餐廳，同時也有電影院、兒童遊戲設施及保齡球館等，可以花一整天在裡面吃喝玩樂。

整館都圍繞著哥倫布航海主題，有許多大型裝飾及小細節讓人在逛街購物的同時，也進入了葡萄牙古老的大航海世界中。有許多在亞洲不常見的葡萄牙品牌，如高級瓷器Vista Alegre、女裝童裝Lanidor、童裝品牌Zippy、家居用品裝飾A Loja do Gato Preto等，此外館內也提供退稅服務。

1.里斯本最大的購物中心／2.哥倫布航海主題購物中心／3.在這裡吃和玩樂應有盡有，還能買到亞洲不常見的葡式品牌(以上圖片提供／Centro Colombo)

美食餐廳

燒烤料理的指標餐館
Jardim da Luz

✉ Largo da Luz–Quartel da Formação, Carnide Lisboa │ ☎ (+351)217 156 087 │ ⏰ 週二～日 12:00～16:00、19:00～23:00 │ 休 週一 │ 💲 15～20€ │ ➡ Metro藍線Carnide站步行10分鐘 │ ⏳ 2小時 │ http www.restaurantejardimdaluz.com │ MAP P.153

這家餐廳是由位在其旁邊的軍事學校的校友會所創立的，餐廳內部分使用的桌椅即是軍事學校汰換下來的，內部裝飾也頗有軍事風格。在傳統燒烤餐廳聚集的一級戰場卡爾尼德(Carnide)區，這家餐廳是用餐環境最好，點什麼都不太會出錯的指標性餐廳，除了平日中午之外，週末假日幾乎都是滿座的狀態，晚上也時常會看到朋友跟家庭間的大型聚餐。

這裡據說有著里斯本最好吃的蝦燉麵包(Açorda de Gambas)、烤章魚和肉排也是餐廳的自豪料理，其他各種新鮮漁獲，炭火直烤下也都絕對美味！

酒精飲料方面除了經典阿連特茹的紅酒外，更不容錯過的還有他們的香檳桑格利亞水果酒(Sangria de champanhe)。

1.有名的蝦燉麵包／2.必點的招牌香檳桑格利亞水果酒／3.簡約而沉穩的餐廳裝飾／4~5.眼見為憑：新鮮的魚和肉類

Edmundo

✉ Avenida Gomes Pereira 1, 1500-086 Benfica Lisboa | ☎ (+351)217 153 335 | ◷ 週二～日 12:00～02:00 | 休 週一 | 💲 15～50€ | ➡ Metro 藍線Colégio Militar站步行13分鐘 | ⏳ 2小時 | http cervejaria-edmundo.pai.pt | ❓ 晚餐20:00後建議要訂位 | MAP P.153

這家餐廳除了營業時間非常長，服務也是在里斯本來說難得的又快速又親切。有名的除了海鮮之外，肉類的經典葡式料理選擇也非常多，很多人也是為了他們的石板牛排(Naco na Pedra)而去！餐廳有兩層樓，窗明几淨用起餐來很愉快，位子很多可以滿足大團體的需求。

1.清爽的白桑格麗亞水果酒(Sangria branca)／2~3.真材實料的海鮮燉飯／4.窗明几淨的用餐環境

Adega das Gravatas

✉ Travessa do Pregoeiro 16, 1600-587 Carnide, Lisboa | ☎ (+351)217 143 622 | ◷ 週二～日 12:00～15:30、19:00～23:00 | 休 週一 | 💲 15～20€ | ➡ Metro藍線Carnide站步行5分鐘 | ⏳ 1～1.5小時 | http www.adegadasgravatas.com | MAP P.153

這裡是里斯本人票選最好吃的石板牛排餐廳之一，常常可以看到一桌人都是點石板牛排，石板若是涼了可以換，趁機能欣賞一下爺爺級的服務生用兩隻普通湯匙就能輕鬆換石板的功夫。

其他傳統料理像是烤章魚、黑豬肩胛肉(Plumas de Porco Preto)等也都非常美味。這家餐廳是個可以讓人輕鬆入座的餐館，打著「當你進到這裡，可以拿掉你的領帶，在此喝的酒不會讓你的荷包大失血」的口號，用非常合理的價錢就能得到百分之百的酒足飯飽。

1.餐廳內裝飾著滿滿的領帶／2.超大分量的烤章魚／3.石板牛排果然名不虛傳，好吃

戶外一級戰區嚴選餐廳
Adega de Carnide

✉ Rua Neves Costa 10, 1600-588 Lisboa │ ☎ (+351)217 155 005 │ ⏰ 週二～六12:00～15:00、19:00～22:00；週日12:00～15:00 │ 休 週一 │ 💲 10～15€ │ ➡ Metro藍線Carnide站步行5分鐘 │ ⏳ 1～1.5小時 │ http adega-de-carnide.negocio.site │ MAP P.153

　　在里斯本西北區餐廳集中區的熱門餐廳之一，天氣好的時候整個卡爾尼德演奏台(Coreto de Carnide)周邊餐廳都會在戶外擺上他們的桌椅。這一帶觀光客非常少，但在週五晚上及週日可是一位難求。

　　這家傳統葡式小餐廳，除了烤魚、烤肋間牛排(Bife da Vazia)、燉麵包佐肉(Migas Alentejanas com Carne)有名之外，其中一道葡國北部的特色料理厚烤牛菲力(Posta à Mirandesa)，分量是兩人份、肉質好、煎烤得恰到好處，很值得一試。

1.戶外座位入座前要確認是哪家餐廳的桌椅喔／2.先來一壺玻瑰水果酒(Sangria Rosé)／3.阿連特茹風燉豬肉加蛤蠣、肋骨肉夠軟且味道濃厚

室內及後院座位多且寬敞
Paço de Carnide

✉ Rua Norte 11, 1600-537 Lisboa │ ☎ (+351)217 161 144 │ ⏰ 週一～六12:00～15:00、19:00～22:00 │ 休 週日 │ 💲 10～15€ │ ➡ Metro藍線Carnide站步行3分鐘 │ ⏳ 1～1.5小時 │ MAP P.153

　　以石板牛肉為首，烤黑豬肉及各種牛排為其招牌菜，是卡爾尼德區難得週一無休的熱門餐廳。備餐很透明，常可以直接看到準備肉塊及魚串的過程，新鮮度佳的食材輕鬆炭烤就很美味。另

外，不太推薦的是水果酒(sangria)，用的是罐頭水果，沒有新鮮酸甜的風味，有點可惜。

1.用餐環境佳，適合帶幼童，也適合大團體聚餐／2.廚師正在準備魚和肉類串燒／3～4.鹽香的烤豬頸肉及鮮美鮟鱇魚蝦串，各有各的美味

里斯本
住宿情報
Let's Go

(圖片提供／Martinhal Chiado hotel)

適合有孩童家庭的五星公寓酒店
Martinhal Chiado hotel

✉ Rua das Flores 44, 1200-195 Lisboa │ ☎ (+351) 210 029 600 │ $ 300～700€ │ ➡ Metro綠線或藍線至Cais do Sodré站步行4分鐘 │ http www.martinhal.com │ MAP P.57/B4

　　位置極為便利但夜晚不喧囂，是希阿都區中偏幽靜的一邊。從單人套房到有兩間房的家庭公寓都有，對於孩童非常友善，各項設施都細心注意，其中最吸引人的一點，是有專人負責的孩童遊戲區，從6個月起至青少年都可以請托看照，讓父母可以在和孩子一起的旅行中，得到一些珍貴的約會時間。

1.酒店外觀是經典里斯本黃／**2~4.**像家一般舒適清爽的環境／**5.**用餐區童趣的擺設(以上圖片提供／Martinhal Chiado hotel)

Accommodations

賈梅士廣場上的精品五星酒店
Bairro Alto Hotel

✉ Praça Luís de Camões 2, 1200-243 Lisboa | ☎
(+351)213 408 288 | 💲300~900€ | ➡Metro綠線
或藍線至Baixa-Chiado站步行1分鐘 | http www.
bairroaltohotel.com | ❓淡旺季價差非常大 | MAP
P.57/D4

　　地理位置極佳,是賈梅士廣場上最引人
注目的18世紀歷史建築,位在兩大迷人舊
城區(Chiado和Bairro Alto)的交界,且是
28號電車行經路線,可以從早到晚毫無保
留地完整體驗里斯本風情。

　　2019年才又重新裝潢後開幕,共有87個
房間,亦提供許三種不同等級的套房,亦
有能眺望特茹河的頂樓陽台餐廳酒吧。

1、3.不同等級的套房,設計高雅又兼具葡式風格／
2.健身房／4.除了提供咖啡也有甜點(以上圖片提供／Bairro
Alto Hotel)

恣意享受阿發瑪區的四星旅店
Memmo Alfama

✉ Tv. Merceeiras 27, 1100-348 Lisboa | ☎ (+351)
210 495 660 | 💲200~400€ | ➡Metro綠線或藍
線至Baixa-Chiado站步行12分鐘或28號電車至
Limoeiro站後步行1分鐘 | http www.memmohotels.
com | MAP P.55/A

　　位於里斯本主教堂後方,28號電車行經
路線,至城堡只有5分鐘路程,有非常迷人
的陽台景致,在這裡入住就像是住在里斯
本的熱門觀景台一般,可以盡情欣賞里斯
本最古老的城區阿發瑪,與特茹河的黑夜
白晝,完全體驗里斯本舊城的迷人,更可

以每晚都
在阿發瑪
找家酒館
聽法朵到
半夜呢。

1.在旅館的陽台上享受日光浴同時觀賞城市風光／
2.簡約都會風格的房間設計／3.舊城中心的都會感舒
適空間(以上圖片提供／Memmo Alfama)

大里斯本
分區導覽

圖片提供／Dickson Ching

圖片提供／PSML, 攝影／Wilson Pereira

圖片提供／PSML, 攝影／EMIGUS

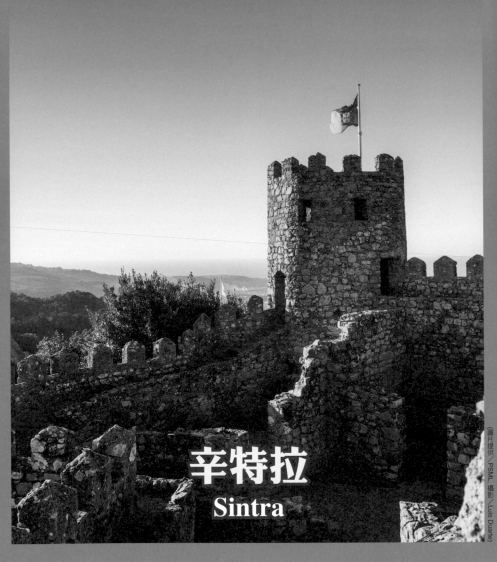

辛特拉
Sintra

（圖片提供／PSML，攝影／Luís Duarte）

得天獨厚的辛特拉山脈，羅馬人稱為「月亮之丘」(Monte da Lua)，
1995年「辛特拉山脈及歷史古城」(A Serra e a Vila Histórica de Sintra)
更是葡萄牙被UNESCO第一個列入的文化景觀遺產，
而在經歷了不同時期的政治文化洗禮，
留下的異國浪漫風格和強調海權象徵的風格，
造就她獨特的迷人之處。

辛拉地圖

N247

舊城區地圖

Sintra 🚃

蒙撒哈特宮
Palácio de Monserrate

N375

摩爾人城堡
Castelo dos Mouros

羅卡角
Cabo da Roca

N375

可露許宮
Palácio Nacional de Queluz

N375

佩納宮
Palácio Nacional da Pena

特拉舊城區地圖

Museu de História Natural

Sintra 🚃

辛特拉宮
Palácio Nacional de Sintra

Café Saudade

Casa Museu Anjos Teixeira

Piriquita
Piriquita II

Volta Duche

雷加萊拉莊園
Quinta da Regaleira

Casa Museu Anjos Teixeira

Barbosa du Bocage

R. Consiglieri Pedroso

Páteo do Titão

Casa Museu
Ferreira de Castro

Av. Almeida Garrett

R. Maria Eugénia Reis Ferreira

R. da Fonte Aldi

Est. da Pena

R. Ferreira Navarro

3 Dots Spot

Arte & Companhia Ilimitada

N375

爾人城堡可遠望在另一山頭的佩納宮(旗幟右下方)
提供／PSML, 攝影／Luis Duarte)

雷加萊拉莊園

167

暢遊辛特拉的
交通方式

▪▪▪➤ Let's Go

火車＋公車
Comboio＋Autocarro

　　從里斯本中心最便捷的方式是從胡西烏火車站(Estação Ferroviária de Rossio)乘坐葡萄牙國鐵CP辛特拉線(Linha de Sintra)至辛特拉火車站(Estação de Sintra)，再乘坐Scotturb公司經營的公車至各景點。

　　若已購入里斯本卡者，因包含里斯本至辛特拉的火車，只需再購買Scotturb的公車票即可。

胡西烏火車站外觀

公車路線示意圖

403公車

Cascais Terminal — Malveira da Serra — Azoia Chafariz — Almoçageme largo — Colares 63 — Glamares Nozes — Ribeira Sintra — Monte Santos — P. Sintra Desidério Cambournac — Sintra Estação

Cabo da Roca

434公車

Sintra Estação — São Pedro de Sintra — Sintra Vila — Castelo dos Mouros — Palácio da Pena — Sintra Vila — Sintra Estação

435公車

Sintra Estação — São Pedro de Sintra — Sintra Vila — Quinta da Regaleira — Palácio de Seteais — Palácio de Monserrate — Colares (403/441) — Ribeira Sintra — Montes Santos — Sintra Estação

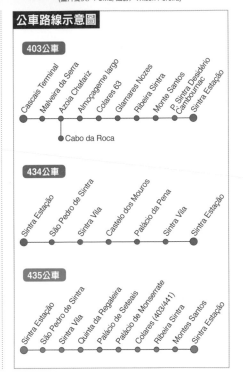

各種一日交通票及套票

名稱	包含	價錢
Turístico diário	Scotturb所有公車無限乘坐	15.1€
Circuito da Pena Hop-on Hop-off 434	434號公車無限乘坐	6.4€
Circuito da Pena Hop-on Hop-off 435	435號公車無限乘坐	5€
Train & Bus	里斯本至辛特拉來回火車票及所有Scotturb公車無限乘坐	15.9€
Sintra Green Card 2 Palácios (辛特拉綠卡兩宮套票)	里斯本至辛特拉來回火車票、434號公車、佩納宮、辛特拉宮	31€
Sintra Green Card 3 Palácios (辛特拉綠卡三宮套票)	里斯本至辛特拉來回火車票、434號公車、佩納宮、辛特拉宮及可露許宮	39.5€

註：若無viva viagem的空卡可加值的話，以上價錢還要再另加0.5€。以上票卡除公車一日票外，均需在搭乘前於CP火車站購買，詳情請見官方網站。
CP葛萄牙國鐵 http www.cp.pt；Scotturb公車 http scotturb.com

熱門景點

摩爾人城堡
Castelo dos Mouros

葡版小長城

✉ Castelo dos Mouros, 2710-405 Sintra │ ☎ (+351)
219 237 300 │ ⏰ 皇宮09:30～20:00(最後入場
19:00)，花園09:30～20:00(最後入場19:00) │ 💲 皇宮
和花園套票：成人票8€，6～17歲及65歲以上
6.5€，6歲以下免費 │ ➡ CP火車Linha de Sintra至
Sintra站後，再搭乘434號公車至Castelo dos
Mouros站下車 │ ⌛ 1～2小時 │ 🌐 www.
parquesdesintra.pt選擇最上方「En」→「Park,
Gardens and Monuments」→「Moorish Castle」
│ ❓ 官網上購票享有5%折扣。若是計畫參觀其他
辛特拉地區的景點，可考慮購買套票 │ 🗺 P.167

離佩納宮不遠，可遠眺佩納宮與辛特
拉宮，天氣好時甚至可以看到遠方的大西
洋，是個令人心曠神怡的景點。與其說是
城堡，但主要的參觀重點是沿著城牆及連
接其間的高塔欣賞不同方向的制高風景，
過程雖不是太耗體力，但仍建議穿著適合
行走的便捷衣鞋。

10世紀時，摩爾人征服伊比利半島時
建了這座城堡，自國王阿方索趕走摩爾人
取得辛特拉的統治後，歷經幾任國王及
1755年的大地震，摩爾人城堡至20世紀
都或多或少有不同程度的修建，特別是
在國王佛南度二世統治時期，和佩納宮
一樣加入了他喜愛的浪漫風格。經歷了考
古修復計畫「給城堡的征服者」
(À Conquista do Castelo)，在2013
年修復完成後並連帶設置遊客中
心，以現今面貌正式開放給一般
大眾參觀。

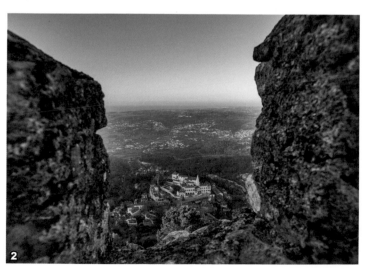

1.城牆在山峰上蜿蜒
的壯麗美景／**2.**可以
遠眺辛特拉舊城全景
(以上圖片提供／PSML，攝
影／Luis Duarte)

蒙撒哈特宮
Palácio de Monserrate

特具英國人情懷的阿拉伯宮殿

✉ Parque de Monserrate 2710-405 Sintra │ ☎ (+351) 219 237 300 │ �🕐 皇宮09:30～19:00(最後入場18:30)，花園09:30～20:00(最後入場19:00) │ 💲皇宮和花園套票：成人票8€，6歲以下免費，6～17歲及65歲以上6.5€ │ ➡ CP火車Linha de Sintra至Sintra站後，再搭乘435號公車至Palácio de Monserrate │ ⌛ 1～2小時 │ http www.parquesdesintra.pt選擇最上方「En」→「Park, Gardens and Monuments」→「Park and Palace of Monserrate」│ ⁉ 官網上購票享有5%折扣。若是計畫參觀其他辛特拉地區的景點，可考慮購買套票 │ MAP P.167

1789年由英國商人所建的蒙撒哈特宮，對英國人來說，是來葡萄牙的必訪之地，著名崇尚自由的英國詩人拜倫(Lord Byron)的成名作《恰爾德·哈羅爾德遊記》(Childe Harold's Pilgrimage)的第一章敘述的正是此地的美景。

Sintra

另一個重要的英國人法蘭西斯‧庫克 (Francis Cook)，曾是英國前三富人之一，在19世紀中買下蒙撒哈特宮進行修復重建，被葡萄牙國王路易須(D. Luís)封為蒙撒哈特子爵 (Visconde de Monserrate)，今日蒙撒哈特宮有如此迷人風貌全是歸功於他。

和佩納宮一樣，受到中古及東方風格影響，蒙撒哈特宮是葡萄牙浪漫主義的代表，宮外入口處的門廊(Pórtico de entrada)，及宮內迷人的長廊(Galeria central)讓人不管走幾回，都仍是驚嘆不已。

花園也充滿了來自墨西哥、澳洲、日本等地的稀奇植物，2013年曾獲歐洲花園獎(European Garden Award)。不同角落的花草景觀彷彿讓人到了各地旅行，花園散步途中也幾乎都有樹蔭和長椅，讓參觀旅客隨時可以歇歇腳，儘管在炎夏，蒙撒哈特宮的花園也總充滿著清風徐來的幽靜。

1.精巧的雕飾無處不在／**2.**充滿阿拉伯風情的宮殿外觀／**3.**從一側仰望著門廊／**4.**宮內最引人入勝的長廊(以上圖片提供／PSML，攝影／EMIGUS)

佩納宮
Palácio Nacional da Pena

怪奇夢幻第一宮

✉ Estrada da Pena, 2710-609 Sintra │ ☎ (+351) 219 237 300 │ 🕐 皇宮09:30～19:00(最後入場18:30)，花園09:30～20:00(最後入場19:00) │ 💲 皇宮和花園套票：成人票14€，6～17歲及65歲以上12.5€，5歲以下免費。花園票：成人票7.5€，6～17歲及65歲以上6.5€，5歲以下免費 │ ➡ CP火車Linha de Sintra至Sintra站後，再搭乘434號公車至Palácio da Pena │ ⏱ 1～2小時 │ http www.parquesdesintra.pt選擇最上方「En」→「Park, Gardens and Monuments」→「Park and Palace of Pena」 │ ❓ 官網上購票享有5%折扣。若是計畫參觀其他辛特拉地區的景點，可考慮購買套票 │ MAP P.167

　　這座奇幻宮殿基於1511年建造的修道院之架構加以改建的，在1838年國王佛南度二世開始重新整建，到了1842年決定要擴建，受到德國浪漫主義(Romantismo Alemão)的影響，與他的工程師好友埃施韋格男爵(Barão de Eschwege)，融合了新浪漫(Neoromântico)、新哥德(Neogótico)、新曼奴埃爾(Neomanuelino)等風格，也加入一些東方元素，造就了此一風格獨樹的佩納宮，在1860年完成擴建。他們同時也引入世界各個角落的稀奇植物到花園裡，有超過2,000種植物，有些更遠自南美洲跟紐西蘭呢！

　　宮殿建築原則上紅色的部分是舊宮(Palácio Velho)，赭黃色調及有磁磚覆蓋

的部分是新宮(Palácio Novo)，而新宮在建造上大量起用葡萄牙當地陶藝家的作品，藝術家國王佛南度二世無形中也保護並延續了葡國的藝術。迷人的磚紅與赭黃吸引著世界各地的旅客前來參訪，令人吃驚的半魚半人的想像怪物「Tritão」，很可能是基於賈梅士的作品《盧濟塔尼亞人之歌》之中對人魚的描述而來。葡萄牙的末代國王曼奴埃爾二世，也曾在20世紀初葡萄牙帝制結束前逃亡至佩納宮。

1.半魚半人的想像怪物「Tritão」／2.從空中鳥瞰幻奇的佩納宮／3.能欣賞新舊宮殿絕佳對比的拱門庭院「Pátio dos Arcos」／4.貴族大廳「Salão Nobre」的美輪美奐(以上圖片提供／PSML, 攝影／1.Luis Duar te, 2.Wilson Pereira, 3.EMIGUS, 4.Angelo Hornak)

知識充電站

浪漫主義、新浪漫、哥德式與新哥德建築

浪漫主義：始於18世紀德國的藝術、文學及文化運動，以強烈的情感做為美學經驗的來源，將自身的情感、信念、希望和恐懼，以各種形式表現出來，強調創作的自由與不拘的想像空間。

新浪漫主義：在浪漫主義時代後期1890～1910年出現，新浪漫主義因受科學精神的洗禮、物質生活的壓榨，故由懷疑思想出發，仍對現實主義有所抵抗。

哥德式建築：哥德藝術是一種源自法國的藝術風格，始於12世紀、盛行於13世紀，至14世紀末期形成國際哥德風格，直至15世紀文藝復興時代來臨而迅速沒落。哥德式建築的基本構件是尖拱、飛扶壁和肋架拱頂，彩繪玻璃常是重要的元素之一，其魅力來自於比例、光與色彩的整體美學體驗。

新哥德式建築：又稱哥德復興式建築，始於18世紀的英國，崇尚復興中世紀時的哥德風格，在19世紀初擴大到歐洲各地，持續影響20世紀歐洲的各大建築風格。

可露許宮
Palácio Nacional de Queluz

葡萄牙的「小凡爾賽宮」

✉ Largo Palácio de Queluz, 2745-191 Queluz │
☎ (+351)219 237 300 │ ⏰ 09:00～19:00(最後入場
18:00) │ 💲 成人票10€，6～17歲及65歲以上
8.5€，6歲以下免費 │ ➡ CP火車Linha de Sintra至
Queluz-Belas站步行11分鐘 │ ⏳ 1～2小時 │ http
www.parquesdesintra.pt選擇最上方「En」→
「Park, Gardens and Monuments」→「National
Palace and Gardens of Queluz」│ ❓ 官網上購
票享有5%折扣。若是計畫參觀其他辛特拉地區的
景點，可考慮購買套票 │ MAP P.167

　這是距里斯本最近的舊時皇宮，從里
斯本市區坐公共交通工具只需約40分鐘。
原為私人莊園，1640年葡萄牙復興戰爭勝
利後收為皇室所有，當時的葡萄牙國王久
旺四世(D. João IV)本意是留給他那些不
是王位繼承第一順
位的兒子們，從1747
年開始的增建計畫
完成後，便做為皇
室的夏季度假宮殿，
直至1807年法國拿
破崙入侵，皇室才
離開逃到巴西。
　1822年葡國皇室
再回到可露許城
堡，當時的佩特羅
王子留在巴西自命
為巴西第一任國
王佩特羅一世(D.
Pedro I)，在1831年
才將巴西政權交給
他的兒子佩特羅二

世(D. Pedro II)後回到葡萄牙，1834年在他
年僅34歲時於可露許宮去世。

　建築風格融合了巴洛克(Barroco)、洛可
可(Rococó)及新古典(Neoclassicismo)風
格，可見於整體建築及華麗的噴泉花園。
花園中的裝飾多半來自義大利及英國倫
敦的約翰·切爾(John Cheere)工作室。18
世紀下半的中國風裝飾盛行，在大使廳
(Sala dos Embaixadores)及葡式磁磚的水
道(Canal de Azulejos)可見其影響。

1.花園中不可錯過的藍磁運河「Azulejo Channel」／**2.**裝潢華麗的大使廳「Sala dos Embaixadores」／**3.**可露許宮最聞名的噴泉「Lago de Nereide」(以上圖片提供／PSML, 攝影／1.Luis Duarte, 2.Carlos Pombo, 3.Wilson Pereira)

知識充電站

巴洛克藝術、洛可可風格、新古典主義

巴洛克藝術：17世紀時的一種藝術風格，起源於羅馬。巴洛克藝術的風格是承襲自文藝復興末期的矯飾主義，著重在強烈感情的表現，強調流動感、戲劇性、誇張性等特點，常採用富於動態感的造型要素，如曲線、斜線等。裝飾華麗，注重建築物四周景觀，有廣場、庭園、噴泉、雕像等的搭配。巴洛克風格的流行與成功，和羅馬天主教會的鼓勵有關。為了回應當時興起的宗教改革，當時的貴族認為具有戲劇性的巴洛克建築和藝術是一種讓賓客感到傾慕並表達勝利、權利和控制的一種手段。

洛可可風格：起源於18世紀的法國，去除了以往巴洛克藝術的儀式性與宗教性，改以輕快、奔放、易親近和日常性取代，強調優雅愉悅、不拘形式的纖細，富於唯美精神，並大量使用光線的裝飾性風格。洛可可Rococo這個字是從法文Rocaille(混合貝殼與小石子製成的室內裝飾物)和coquilles(貝殼)合併而來，後來被新古典主義取代。

新古典主義：興起於18世紀的羅馬，並迅速在西方世界擴展的藝術運動，影響了裝飾藝術、建築、繪畫、文學、戲劇和音樂等眾多領域。新古典主義，一方面起於對巴洛克和洛可可藝術的反動，另一方面以重振古希臘、古羅馬藝術以簡樸為風格的信念。

辛特拉宮
Palácio Nacional de Sintra

令人驚嘆的天花板及磁磚裝飾

✉ Largo Rainha Dona Amélia, 2710-616 Sintra │ ☎ (+351)219 237 300 │ ⏰ 09:30～19:00(最後入場 18:30) │ 💲 皇宮和花園套票：成人票10€，6～17 歲及65歲以上8.5€，6歲以下免費 │ ➡ CP火車 Linha de Sintra至Sintra站後，再搭乘434或435號 公車至Sintra Vila後步行約3分鐘 │ ⏱ 1～2小時 │ 🌐 www.parquesdesintra.pt選擇最上方「En」→ 「Park, Gardens and Monuments」→「National Palace of Sintra」 │ ⁉ 官網上購票享有5%折扣。 若是計畫參觀其他辛特拉地區的景點，可考慮購 買套票 │ 🗺 P.167

位於辛特拉舊城區(Centro histórico de Sintra)的辛特拉宮，原為11世紀摩爾人所 建的城堡，在國王阿方索攻下里斯本後成 為葡萄牙皇室財產，此後歷經不同程度的 擴建，特別是16世紀海權國王曼奴埃爾一 世加入了許多的海權時代特有的門窗裝 飾及磁磚，因而辛特拉宮也是曼奴埃爾風 格的代表作之一。到了國王阿方索六世(D. Afonso VI)被囚禁於此，在1683年過世後， 辛特拉宮在皇室的重要性大減。

從外表看似樸實的建築，裡面可是有一 番新天地！非常建議可以在舊城用餐後一 訪辛特拉宮，走進宮殿中總會令人有「幸 好沒有因為它的外表而錯過它的內在」的 慶幸！

逛辛特拉宮要特別記得隨時抬個頭，天 花板都是會讓人驚呼藝術品，特別是辛特 拉宮的「紋章室」(Sala dos Brasões)的設 計可是歐洲第一，在八角形超高圓頂中， 置放著對皇家軍隊、國王曼奴埃爾一世的 8個孩子及72個最有影響力的貴族家庭紋 章，滿室的藍磁加上金邊紋章的圓頂，令

1

人目炫神迷！看似普通的磁磚，也藏著神
祕花草與航海儀喔！建於15世紀，用來準
備大型狩獵宴會的廚房，長有33公尺，更
是在舊時皇宮中難得一見的寬敞。

　　辛特拉宮同時也是日本遊客特別喜歡
參觀的地方，原因是在1584年日本使節第
一次拜訪歐洲時，葡萄牙皇室接見他們的
地方就在這裡。當時4位日本九州皇室基
督教代表都在13、14歲，被稱為「來自太
陽升起地(日本)的男孩」(Os meninos da
Terra do Sol Nascente)，即「天正遣歐少年
使節」，在1582年從長崎出發，經澳門、果
阿邦(Goa)，抵達里斯本，隨後亦參訪西班
牙，以及他們最終的目的——到義大利羅
馬拜見教皇。

2

....
1.辛特拉宮傍晚的美景／**2.**中央陽台「Pátio Central」
有許多曼奴埃爾風格細節／**3.**令人目炫神迷的紋章室
圓頂(以上圖片提供／PSML，攝影／1.2.Angelo Hornak, 3.Luís Pavão)

3

雷加萊拉莊園
Quinta da Regaleira

辛特拉最奇幻神祕的景點

✉ Quinta da Regaleira, 2710-567 Sintra │ ☎ (+351)219 106 650 │ ⏰ 4～9月09:30～20:00(最後入場19:00)，10～3月09:30～18:00(最後入場17:00) │ 💲 全票10€，6～17歲及65～79歲5€，5歲以下及80歲以上免費 │ ➡ CP火車Linha de Sintra至Sintra站後，再搭乘435號公車至Quinta da Regaleira站下車，或由辛特拉舊城中心(centro histórico da Vila de Sintra)步行約20分鐘 │ ⌛ 2～3小時 │ 🔗 www.regaleira.pt │ ⁉ 地圖示意簡陋，莊園中亦缺乏清楚標示，可能要預留稍充裕的時間以便找路 │ 🗺 P.167

　建於1904～1910年間，是人稱百萬富翁蒙泰羅(Monteiro)聘請義大利建築設計師路易吉‧馬尼尼(Luigi Manini)所建，在浪漫風格(Romântico)、新曼奴埃爾風格以及文藝復興風格(Renascentista)上的融合，許多設計是以伊甸園為發想，而花園更是天堂與地獄共存的奇異世界，處處是深奧神祕的地下通道、洞穴與小湖，時常迷路之餘，又常會令人有柳暗花明又一村之感，處處都充滿令人意想不到的驚喜。

　起始井(Poço Iniciático)是花園中最熱門

的參訪點，是共濟會儀式的起始之地，帶著通往地底之意，為深27公尺旋轉樓梯，只可單向由上往下通行，井底為大理石製成的羅盤玫瑰。整個莊園充滿了共濟會、煉金術與聖殿騎士團的神祕符號，多注意一下細節，感受歐洲奇幻異時空。

1.宮殿處處可見曼奴埃爾風格的裝飾／2.莊園中有多處地下通道／3～4.神祕的起始井(以上圖片提供／Dickson Ching)

羅卡角
Cabo da Roca

歐洲大陸最西端

✉ Cabo da Roca, 2705-001 Colares │ ☎ (+351) 219 280 081 │ ⏰ 步道無限制。遊客中心：4～9月09:00～18:30，10～3月09:30～17:30 │ 💲 免費 │ 🚌 CP火車Linha de Sintra至Sintra站後，再搭乘403號公車至Cabo da Roca終站下車，需特別注意403號公車有分終站至Cascais不經羅卡角，兩者交錯發車，上車時請詢問確認！│ ⏳ 0.5小時 │ ⁉ 風大天冷需配合合適衣著，崖邊行走請注意人身安全 │ 🗺 P.167

被稱為「月亮岬」(Promontório da Lua) 的羅卡角，立於海拔150公尺，在17世紀時曾為非常重要的海岸防禦窗口，建於1772年的海岸燈塔，海拔高165公尺，至今仍為航行在葡國海岸的船隻指引方向。

葡國16世紀名詩人賈梅士曾在他的鉅作《盧濟塔尼亞人之歌》中寫到此地為「陸終及海始」之處 (Onde a Terra se acaba e o mar começa)。遊客中心內可購買到此一遊的人時地證書，每份要價11€。

真正的天涯海角——羅卡角
(圖片提供／João Cheong Li)

3 Dots Spot

✉ Rua das Padarias 12, 2710-603 Sintra │ ☎ (+351)219 244 637 │ 🕐 週一～六10:00～17:00 │ 休 週日 │ 💲1～5€ │ ➡ CP火車Linha de Sintra至Sintra站後，再搭乘434或435號公車至Sintra Vila後步行約1分鐘 │ ⧗ 0.5小時 │ MAP P.167

位於頂樓的空間，是一位陶瓷手工藝師的工作室及小店，從耳環、手鏈、項鏈、酒瓶塞到居家園藝裝飾，豐富的色彩令人心情愉悅，每個作品都是獨一無二，充滿手作感的溫暖。

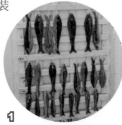

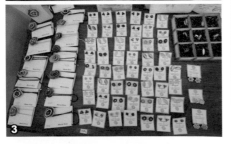

1.各種陶瓷裝飾品／**2.**小小的空間卻充滿著多彩的創作品／**3.**各種陶瓷製作的耳環、戒指、項鍊等飾品

Arte & Companhia Ilimitada

✉ Rua das Padarias 12, 2710-603 Sintra │ ☎ (+351)912 726 636 │ 🕐 10:00～19:00 │ 💲1～5€ │ ➡ CP火車Linha de Sintra至Sintra站後，再搭乘434或435號公車至Sintra Vila後步行約1分鐘 │ ⧗ 0.5小時 │ MAP P.167

位於2樓的小空間，店主人想藉由高精緻度的手作傳達葡國的文化與趣味，可以是陶瓷、棉線、鈕扣等，配上葡式色彩與花紋，即可組合成一件具特色的小飾品。這裡也會不定期舉辦手作課程，有機會或許可以與店主人交流心得。

1.小小的傳統房屋入口／**2~3.**手作的創意與趣味，體現在一個個精緻小飾物中

混搭的嚴選紀念品店
Páteo do Titão

✉ Arco do Terreirinho 2, 2710-623 Sintra | ☎ (+351)914 065 353 | 🕐 10:00～19:00 | 💲 1～5€ | ➡ CP火車Linha de Sintra至Sintra站後,再搭乘434或435號公車至Sintra Vila後步行約1分鐘 | ⏳ 0.5小時 | 🗺 P.167

　　只要是具葡國特色的葡製商品,幾乎在這裡都看得到,有手工彩繪陶瓷盤、法朵音樂CD、手工酸櫻桃酒、各種魚罐頭等,多是設計感強且品質佳的商品,號稱每個遊客都可以在這裡找到喜歡的紀念品。

1.瓶瓶罐罐裡都是葡萄牙道地的食品/**2.**各式各樣的葡萄牙製用品

美食餐廳

傳統甜點名店
Piriquita

✉ Rua das Padarias 1/18, 2710-603 Sintra | ☎ (+351)219 230 626 | 🕐 一店週四～二09:00～20:00,二店週三～一08:30～20:00 | 🚫 一店週三,二店週二 | 💲 1～5€ | ➡ CP火車Linha de Sintra至Sintra站後,再搭乘434或435號公車至Sintra Vila後步行約1分鐘 | ⏳ 0.5小時 | 🌐 www.piriquita.pt | 🗺 P.167

　　1862年成立的麵包店,因國王卡魯須一世(D. Carlos I)常到辛特拉度假,因緣際會請店家製作出乳酪塔(Queijadas)而一舉成名,成為辛特拉最有名的糕點店,也改名為「Piriquita」(有短小之意),正是國王因店

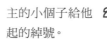

主的小個子給他起的綽號。

　　皇室品質保證的乳酪塔,和撒上糖的千層杏仁奶醬派(俗稱「小枕頭」Travesseiros),是這裡兩個最有名的甜點,後者一定要是熱熱的當場吃才好吃,不溫熱的話一定要換一個喔!

1.人氣乳酪塔/**2.**必嘗甜點「小枕頭」/**3.**人潮多時還必須拿號碼牌

卡須凱須
Cascais

以陽光、海灘與美食聞名的觀光小鎮，
夏天總是擠滿了世界各地來的旅客。
曾是中古時代重要的漁村，
亦是15世紀大航海時代重要的防衛堡壘，
往西是大西洋海灘，往北是辛特拉各大景點，
非常適合做為自駕遊的中心。

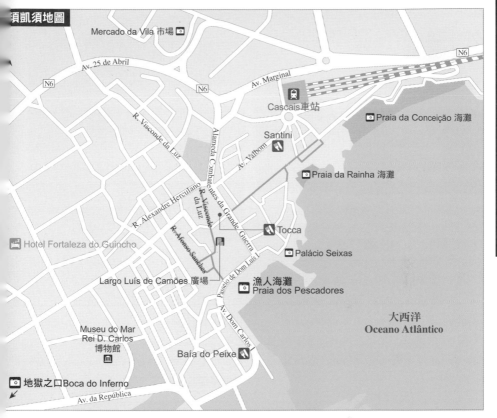

Mercado da Vila 市場

Av. 25 de Abril

N6

N6

N6

N6

Av. Marginal

Cascais 車站

R. Visconde da Luz

Praia da Conceição 海灘

Santini

Av. Valbom

Praia da Rainha 海灘

Alameda Combatentes da Grande Guerra

R. Alexandre Herculano

R. Visconde da Luz

R. Afonso Sanches

Hotel Fortaleza do Guincho

Tocca

Palácio Seixas

Passeio de Dom Luís I

Largo Luís de Camões 廣場

漁人海灘
Praia dos Pescadores

大西洋
Oceano Atlântico

Museu do Mar
Rei D. Carlos
博物館

Av. Dom Carlos I

Baía do Peixe

地獄之口 Boca do Inferno

Av. da República

旅行小抄

卡須凱須交通建議

　　由里斯本Cais do Sodré
火車站出發，乘坐葡萄牙國
鐵CP的卡須凱須線(Linha
Cascais)，30分鐘可達，單
程2.25€，里斯本卡持有者
可不用另外購票。或可自辛
特拉火車站乘坐Scotturb
經營的417或403號公車到
達，Scotturb公車一日票券
15.1€。

1.市政廳前廣場／**2.**在卡須凱須的
市場(Mercado da Vila)前廣場常舉
辦各種慶典節目，並有許多攤販小
食／**3.**卡須凱須市徽

漁人海灘
Praia dos Pescadores

方便度第一的可愛小沙灘

✉ Passeio de Dom Luís I, 2754-509 Cascais │
🕐 全日開放 │ 💲 免費 │ ➡ 從Cascais火車站步行
7分鐘 │ ⏳ 0.5～1小時 │ 🗺 P.183

擁有許多別名「Praia da Ribeira」、「Praia do Peixe」或是「Praia da Baía」的這個小海灘，是離卡須凱須市中心最近的沙灘，沙白且細，前方正是清透平靜靛藍的海水，總是充滿著想擁抱陽光藍天與海水的遊客。

如同其名「漁人」，海灘旁可見漁港排列著大小漁船，海上也總有時遠時近的漁船。沙灘一側的20世紀初的歷史建築，建在原有的防衛保壘之上，新浪漫風格的攝依夏須宮(Palácio Seixas)現為葡國海軍所有，內有葡式餐廳Messe De Cascais及教堂可供舉辦相關儀式典禮。

1.來自世界各地的觀光客在漁人海灘上享受著日光浴／**2.**待時機進攻漁獲的海鳥

Tia de Cascais住在卡須凱須的阿姨

在葡萄牙有句俗話「住在卡須凱須的阿姨」(Tia de Cascais)，是什麼意思呢？

卡須凱須在19世紀中末以來受到葡國皇室喜愛，做為皇室的度假聖地，每年皇室貴族都會在此定期居住幾個月，到處都有以國王、王子、皇后命名的街道及廣場。因而也慢慢聚集了政商名流，特別是里斯本富人，多會在卡須凱須購房做為度假之用。

慢慢地，里斯本人對於這群富有的名流「阿姨」們漸漸形成一種刻板印象，如從來沒有工作過、完美的髮型與過分打扮、刻意強調說話的禮貌，及若有似無高高在上的自傲姿態等。

葡國女性若被說是「住在卡須凱須的阿姨」可不是什麼太光榮的事，除了外顯自己的富有外，只是表現出想與一般人劃清界限的自傲而已喔！

地獄之口
Boca do Inferno

結合海天一線與美麗岩岸

✉ Avenida Rei Humberto II de Itália 642, 2750-642 Cascais｜🕐 全日開放｜💲 免費｜➡ 從Cascais市中心沿Avenida Rei Humberto II de Itália步行30分鐘｜⏳ 0.5～1小時｜🗺 P.183

這是卡須凱須最熱門的自然景點，在冬天有時海象較兇險，浪從洞外奮力拍打進來，同時風從洞口與海浪間呼嘯而過，因而有了這個驚悚的名字「地獄之口」。

別擔心，這裡大部分的時候都是令人心曠神怡的，沿著步道往下走到靠近海水進水口處，可以看到開闊的岩岸風景，欣賞陽光照在平靜深藍的海，總有許多遊客從市中心沿著河岸散步或騎自行車前來。

1.原為岩洞，但在日積月累的海浪侵蝕下洞頂逐漸消失，留下像拱門一般的海水進水口／2.可以欣賞整個海岸線的景致

海鮮吃到飽的指標餐廳
Baía do Peixe

✉Avenida D. Carlos I 6, 2750 Cascais | ☎(+351)214 865 157 | 🕐週二～日12:30～15:30、19:00～23:30 | 休週一 | 💲20～35€ | ➡從Cascais火車站步行9分鐘 | ⌛1～2小時 | http www.baiadopeixe.com | ❓有些餐點是兩人份起點，且若點吃到飽會以人頭計算，禁止和未點者分食 | MAP P.183

令人驚訝的實惠價格竟可以海鮮吃到飽，非常適合什麼都想嘗嘗看又不想花大錢的遊客，有各類魚、蟹、蝦、蛤蜊、螺，甚至提供生蠔，依時節也會出現更高級的海鮮，如鵝頸藤壺、歐洲小蟬蝦等，可能尺寸不大但絕對不馬虎，現點現做。若是不喜歡甲殼類海鮮的話，也有魚吃到飽或單點選擇。

1.環境寬敞舒適，可以邊欣賞窗外海景邊用餐／2.分量充足的魚蝦拼盤，並貼心地將蝦子都去好殼

巴西來的輕食跟冰沙小店
Tocca

✉Rua Frederico Arouca 7, 2750-642 Cascais | ☎(+351)915 512 477 | 🕐09:00～22:00 | 💲2～5€ | ➡從Cascais火車站步行5分鐘 | ⌛0.5小時 | http tocca.pt | MAP P.183

隨著巴西飲食在葡萄牙越來越盛行，阿薩伊果(Açaí，又稱巴西莓)所製作的冰沙，近年來葡國各地漸漸風行，酸酸甜甜又冰涼，非常容易入口，可以選擇搭配不同的穀片和水果一起享用。

若是還有點餓的話，也可以來點熱熱QQ的乳酪球，或是來份用樹薯(Tapioca)

粉製作的不同口味的包餡可樂餅。

相較其他冰飲店，這裡座位算多，不用總是外帶拿著走，可以趁機避避暑歇歇腳。

1.來杯阿薩伊果冰沙和乳酪球吧／2.店外看板就是招牌產品

皇室掛保證的老字號冰淇淋店

Santini

夏天總是人潮滿滿

✉ Avenida D. Carlos I 6, 2750 Cascais | ☎
(+351)214 833 709 | ⏰週二〜日12:30〜15:30、
19:00〜23:30 | 休週一 | $ 20〜35€ | ➡ 從
Cascais火車站步行9分鐘 | ⏳ 0.5小時 | http
santini.pt | MAP P.183

　　1949年Santini家族在卡須凱須附近
Tamariz小鎮成立的老字號冰淇淋店,受到
許多皇室名人的喜愛,已風行超過70年!

　　目前有12家分店,在波爾圖、里斯本市內
及其近郊都有機會吃到Santini的美味冰淇
淋。在這裡,不管天氣是暖是涼,總會看到
人手一支冰淇淋甜筒。

住宿情報

五星歷史碉堡與米其林體驗

Hotel Fortaleza do Guincho

✉ Estrada do Guincho, 2750-642 Cascais | ☎
(+351)214 870 491 | $ 200〜400€ | ➡ 從Cascais
市中心開車17分鐘 | http www.fortalezadoguincho.
com | MAP P.183

　　17世紀碉堡改建的五星級旅館,附設的
餐廳連續幾年都入選為米其林一星,是聞
名的美食餐廳。

　　一旁就是大西洋岸的景舒海灘(Praia do
Guincho),較市中心的漁人海灘來得悠靜,
以水上運動聞名,除了度假旅人外,也有
許多世界各地慕名而來的衝浪好手。開車
的話往北至羅卡角及辛特拉各景點都十分
方便。

1.擁有開放式陽台的套房/**2.**古色古香的迴廊設計/**3.**
用有絕美海景的米其林餐廳/**4.**以歷史碉堡改建的
旅館,從大門就有讓人回到17世紀的氛圍(以上圖片提
供/Hotel Fortaleza do Guincho)

什突堡半島
Península de Setúbal

一河之隔氛圍與里斯本完全不同，
里斯本人稱「Margem Sul」的特茹河南岸，
在上下班時段可以完全感受到繁忙的都會通勤日常。
半島西邊的卡帕麗卡海岸(Costa da Caparica)擁有許多知名海灘，
什突堡半島的麝香葡萄酒(Moscatel)及炸花枝(Choco frito)更是遠近馳名。

暢遊什突堡半島的交通方式

Let's Go

渡船
Travessia

　　連結里斯本Cais do Sodré及Cacilhas的渡船Cacilheiro，視時段通常1小時3～7班不等，平均航程只需10分鐘，是由里斯本市區出發至什突堡半島方便且快速的交通方式，詳細資訊請見官網。

`http` ttsl.pt

火車
Comboio

　　從里斯本市區乘坐葡萄牙國鐵CP的

IC(Intercidades)或Fertagus可達。

CP `http` www.cp.pt
Fertagus `http` www.fertagus.pt

電車／公車
Metro／Autocarro

　　需特別注意，什突堡半島上的路面電車及公車，並非由里斯本地鐵公司Metro及Carris營運，因而其發行的Metro／Carris一日票卷並不可在此使用，但可用viva viagem的儲值扣款Zapping功能。

路面電車(Metro Sul do Tejo) `http` www.mts.pt
公車(Transportes Sul do Tejo) `http` www.tsuldotejo.pt

Cacilheiro渡船與通勤人潮

風之口景觀升降機
Elevador Panorâmico da Boca do Vento
最親河的祕境觀景台

千禧年興建完成，連結在高地的舊城區(Almada Velha)與河岸的電梯。推薦看完基督像可以步行下山至此升降梯，河岸沿途在Rua do Ginjal上有許多餐廳及酒吧，可以在戶外用餐並欣賞河景，是十分愜意的行程。

✉ Rua do Ginjal 72, Almada ┃ ⏰ 08:00〜00:00 ┃ 💲 1€ ┃ ➡ 從Cais do Sodré渡船口坐Cacilheiros 至Cacilhas步行14分鐘 ┃ ⏳ 0.5〜1小時 ┃ 🗺 P.190

1. 連結到電梯的天橋是極佳觀景點／**2.** 一旁的河岸公園也是賞景的祕境

北部阿爾瑪達地圖

特茹河 Rio Tejo

Cacilhas
Ⓜ Cacilhas

R. do Ginjal

風之口景觀升降機
Elevador Panorâmico
da Boca do Vento

R. Carvalho Freirinha

R. Candido dos Reis

佛南度二世與
葛麗亞軍艦
Fragata D.
Fernando II
e Glória

大基督像
Santuário do
Cristo-Rei

Atira-te ao rio

Além Tejo

R. do Ginjal
Olho de Boi

瑟兒卡之家 Casa da Cerca

25 de Abril Ⓜ 1974

Av. de 25 Abril

Av. Aliança Povo MFA

R. da Cerca

R. Serpa Pinto

Gil Vicente Ⓜ

R. Cap. Leitão

Av. Dom Afonso Henriques

佛南度二世與葛麗亞軍艦
Fragata D. Fernando II e Glória

世界上第四古老的武裝巡防艦

✉ Largo Alfredo Dinis, Almada │ ☎ (+351)212 746 295 │ ⏰ 5月1日～9月30日10:00～18:00(最後入場17:45)，10月1日～4月30日10:00～17:00(最後入場16:45)，但週一為12:00才開放入場 │ 休 1/1、復活節、5/1、12/25 │ 💲 成人票4€，4～12歲及65歲以上2€，3歲以下免費 │ ➡ 從Cais do Sodré渡船口坐Cacilheiros至Cacilhas步行5分鐘 │ ⏳ 1～2小時 │ http ccm.marinha.pt/pt/dfernando │ ⁉ 船艦內樓梯較陡，建議穿著合腳平底鞋 │ MAP P.190

葡萄牙在19世紀於殖民地印度所建造的軍艦，以當時葡萄牙的國王和皇后命名，處女航於1845年由印度果亞(Goa)出發至里斯本，可容納650人在海上直航三個月，為葡萄牙海軍最後一艘帆船軍艦。

至1878年退役為止，這軍艦有無數次

船行至印度、安哥拉、莫三比克等地的經驗，總航行海浬數已超過繞地球5圈。船艦上共有50座大炮，但在其服役生涯中，從未參與過軍事戰爭，自退役後至20世紀中，做為海軍學校練習使用。

1963年船上的一場大火讓船身毀壞擱淺在特茹河中，直到1992年才有修復計畫，修復完成後於1998年里斯本的世博展覽會開放給一般大眾參觀，之後做為博物館使用至今，甲板下共有三層可供參觀。

1.船艙內的大砲列／2～3.長83公尺、甲板寬13公尺的軍艦／4～6.軍艦內有許多模擬當時船員生活及準備戰鬥的場景

什突堡半島酒莊

什突堡半島釀酒的歷史可追溯到西元前2,000年，1907年葡萄牙正式將其劃為酒產區，生產各種紅、白酒，及最聞名、有「酒瓶裡的陽光」(o Sol em garrafa)之稱的麝香葡萄酒(Muscatel)。什突堡半島的酒莊常會不定期舉辦品酒及美食活動，可在酒莊協會的官網找到相關資訊。

酒莊協會 http rotavinhospsetubal.com

知名酒莊推薦

◈Bacalhôa

1970年代開始釀酒的酒莊，現為葡萄牙大型產酒集團，葡萄園共占地1,200公頃。除了酒莊及博物館外，在15世紀建成的葡萄牙國家遺產巴卡洛亞莊園及皇宮(Palácio e Quinta da Bacalhôa)也非常值得參觀。

酒莊及博物館參觀費3€(含一杯酒，可另加價品酒)，除了週日及週一外，每日分10:00及15:00兩個時段，其他時段視人數可洽酒莊是否能預約。

📞 (+351) 212 198 067
@ visitas@bacalhoa.pt
http www.bacalhoa.pt

◈José Maria da Fonseca

1834年創立的老字號酒莊，每日皆有酒莊博物館(Casa Museu)導覽及品酒活動，提供非常多種且標示清楚的品酒組合，從平價的兩杯酒至40年頂級麝香葡萄酒品酒行程，介於5～50€間，需事先以電話或email預約。

📞 (+351) 212 198 940
@ enoturismo@jmfonseca.pt
http www.jmf.pt

◈Casa Ermelinda Freitas

1920年創立的家族企業，是製酒界難得以女性為主要管理階層的酒莊，2009年開始大量工業化製程，現亦為消費者常見的大品牌。酒莊參觀及品酒需兩天前預約。

📞 (+351) 265 988 000
@ enoturismo@ermelindafreitas.pt
http www.ermelindafreitas.pt

◈Fernando Pó

就位在Casa Ermelinda Freitas旁邊，可同時安排一日遊。提供非常多樣的品酒與美

1

食套裝行程外，在不同月分還會在葡萄園舉行不同活動，如野餐、葡萄採集、葡萄釀酒節等，價格從6.5～50€不等。亦會協助安排由里斯本市區出發的火車交通(費用另計)。

📞 (+351) 917 500 198
@ enoturismo@fernaopo.pt
http www.fernaopo.pt

1.陳酒桶中的麝香葡萄酒(圖片提供／Bacalhôa)／2.在Casa Ermelinda Freitas進行的品酒活動／3.Casa Ermelinda Freitas的示範葡萄園

瑟兒卡之家
Casa da Cerca
高地上的豪宅

✉ Rua da Cerca, 2800-050 Almada｜🕐 週二～日10:00～18:00｜🚫 週一｜💲 免費｜➡ 從Cais do Sodré渡船口坐Cacilheiros至Cacilhas步行14分鐘｜⏱ 0.5～1小時｜MAP P.190

　　18世紀興建的民間豪宅，位於阿爾瑪達的舊城區，20世紀幾經轉手，因缺乏維護幾乎完全廢棄，在1988年市政府收購後，現做為現代藝術推廣中心，除常態性的藝文展示外，也經常會舉辦音樂會等活動。其占地廣且植物種類豐富的花園，以及臨河居高的觀景庭院，吸引了不少人入內參觀或喝咖啡休息。

1.正門入口處／2.盡賞特茹河與對岸里斯本的景致

193

大基督像
Santuário do Cristo-Rei

俯視特茹河及其兩岸美景的制高點

✉ Santuário de Cristo Rei, 2800-058 Almada │ ☎ (+351)212 751 000 │ 💲成人票5€(除7/1～10/15為6€)，8～12歲2.5€，7歲以下免費 │ ➡ 從Cais do Sodré渡船口坐Cacilheiros至Cacilhas後，再搭乘101號公車至Cristo Rei │ ⌛ 1～1.5小時 │ http www.cristorei.pt │ MAP P.190

建成於1959年的大基督像，在海拔215公尺高擁抱著里斯本，以360度俯視4月25日大橋及特茹河兩岸風景。

於1949年動工，花費10年建成的基督像，是在1940年當時總理Salazar向聖母許願時，應允若葡萄牙能在第二次世界大戰中保持中立的「還願紀念」。

和法蒂瑪(Fátima)及聖地牙哥·德·孔波斯特拉古城(Santiago de Compostela)並列為伊比利半島的朝聖者黃金三角。

1.3.擁抱著4月25日大橋與里斯本的基督像／**2.**基督像上方的俯景(以上圖片提供／Dickson Ching)

美食餐廳

絕美河景小餐廳 🍴
Atira-te ao rio

✉ Rua do Ginjal 69, 2800-284 Almada │ ☎
(+351)212 751 380 │ ⏰ 12:30～16:00、19:00～
22:30 │ 💲 10～20 € │ ➡ 從Cais do Sodré渡船口
坐Cacilheiros至Cacilhas步行14分鐘 │ ⏳ 1～2小
時 │ http www.atirateaorio.pt │ ℹ️ 用餐熱門時段若要
確保有戶外河景座位最好先預訂 │ MAP P.190

　　如其名意味「把自己丟進河裡吧」，在享
受美味餐點的同時，有音樂更有無敵河岸
風景，在退潮時段也可在　邊的小海灘玩
玩砂、溼溼腳。夏日夕陽西下的晚餐時段，
這裡可是一位難求！

　　餐點價格平實，以魚蝦類餐點及清爽的
葡菜為主，口味與品質超乎預期的好，和
里斯本市區就一河之隔。現在越來越多
人發現這家
餐廳的超
值而專程
前來呢！

1.海鮮料理美味無比／**2.**緊臨於特茹河畔，河景、橋
景及里斯本天際線一網打盡

舊城觀光一街的平價傳統小餐館 🍴
Além Tejo

✉ Rua Cândido dos Reis 51, 2800-269 Almada │ ☎
(+351)212 742 121 │ ⏰ 週五～三11:00～02:00 │
休 週四 │ 💲 10～20€ │ ➡ 從Cais do Sodré渡船口
坐Cacilheiros至Cacilhas步行3分鐘 │ ⏳ 1～2小
時 │ MAP P.190

　　平價提供各種熱門海鮮如烤魚、蝦、
蟹、蛤蜊及海鮮燉飯，是不少在地葡人會
忠實光顧的小餐館，食材新鮮分量足。用
餐環境相較於大街上其他餐廳，亦來得乾
淨衛生。

　　在小蝸牛的季節，週末下午更是滿滿吃
蝸牛配啤酒的人
潮，這家的小
蝸牛可是筆
者吃過數
一數二好
吃的呢！

1.來盤熱騰騰的香料水煮小蝸牛吧／**2.**週末下午生
意非常好

馬孚勒
Mafra

馬孚勒皇宮在2019年獲選UNESCO世界文化遺產，
讓這座城市成為頗受注目的焦點。
另外，離馬孚勒舊城中心不遠的漁村藹里賽拉(Ericeira)，
更有聞名的衝浪海灘，
夏天總是擠滿慕浪而來的人潮。

馬孚勒地圖

Adega do Convento
R. Moreira
Av. 25 de Abril

塔帕達狩獵公園
Tapada de Mafra

Jardim do Cerco 公園

Largo Gen. Conde de São Januário

R. José Elias Garcia

北極烘焙坊
Polo Norte

Mercado Municipal 市場

Praça da República

Terreiro D. João V

R. Serpa Pinto
O Artesanato

Praça da República

Largo Conde Ferreira

Sete Sóis

Praça da República 廣場

馬孚勒皇宮
Palácio Nacional de Mafra

熱 門 景 點

馬孚勒皇宮
Palácio Nacional de Mafra

葡萄牙最重要的巴洛克風格建築

✉ Terreiro D. João V, 2640-492 Mafra │ ☎ (+351) 261 817 550 │ ⏰ 皇宮09:30～17:30(最後入場16:45)，大教堂 09:30～17:30(13:00～14:00關閉)，圖書館 09:30～16:00(13:00～14:00關閉) │ 休 皇宮週二，圖書館週二及週末 │ 💲 全票6€，學生及65歲以上3€，12歲以下免費 │ ➡ Metro綠線或黃線Campo Grande站搭乘Mafrense公車至Mafra Palácio下車，快速直達班次約30分鐘，詳細時間請見www.mafrense.pt │ ⏳ 1～2 小時 │ http www.palaciomafra.gov.pt │ MAP P.197

在2019年正式被UNESCO列入世界文化遺產的馬孚勒皇宮，是國王久旺五世在18世紀下令建成，做為他與皇后奧地利皇族的瑪莉亞・安娜(D. Maria Ana de Áustria)婚禮之用，另一部分則做為照顧病人所建的療養院，至今仍保存良好。

當時因有來自殖民地巴西的大量財富，才能建成占地近4公頃的奢華皇宮，有超過4,700個門窗，更重要的是皇宮各處有法國、義大利的頂尖畫家及雕刻家留下的作品，堪稱是義大利本土外最重要的巴洛克雕刻藝術。另外在大教堂內，更安裝了6座管風琴，可謂當時的創舉。

此地的圖書館亦是歐洲極為重要的圖書館之一，藏書3萬6千冊涵蓋文史、藝術、科學等各領域，更珍藏了許多罕見的作品，如15世紀紐倫堡編年史(Crónica de Nuremberga)及18世紀法國發行的歷史上第一套百科全書等，亦有許多影響葡萄牙及國外音樂發展的古樂譜。

這裡是葡萄牙的末代皇帝曼奴埃爾二世(D. Manuel II)在1910年共和建立後，至流亡海外前的最後棲身地，仍可看到當時他使用過的房間。

儘管皇室從未正式定居於此，但仍時常至此度假或舉辦慶典，特別是打獵，可是當時皇室最喜愛的休閒與社交活動，因此皇宮內打獵室的藏品更是不可錯過。當時的皇室獵場——塔帕達狩獵公園(Tapada de Mafra)，現為國家公園，距馬孚勒皇宮車程10分鐘，亦是可親近綠意與動物的闔家休閒好去處。

塔帕達狩獵公園 🔗tapadademafra.pt

氣勢磅礡的皇宮(圖片提供／DGPC, 攝影／José Paulo Ruas)

Mafra

知識充電站

保護馬孚勒皇宮圖書館藏書的祕密功臣

　　由於圖書館的空間很大,且因為紙類及櫃架的材質,不宜過度清潔或使用清潔劑,但要如何保護藏書的完整性?晚上才出動的小蝙蝠(屬名Pipistrellus)就是大功臣。體積很小,成蝠也只有4～6克重,牠們以圖書館角落縫隙為家,以書蟲為食,每晚都會努力吃掉這些不受歡迎的害蟲。

　　圖書館員早上偶爾會在地板上發現牠們的屍體,但圖書館開放給大眾參觀的時間基本上是遇不到牠們的,害怕蝙蝠的人也不用擔心。

　　圖書館進門處右手邊可以看到館員將牠們做成的標本。

逛 街 購 物

什麼都有的鄉土紀念品店
O Artesanato

✉ Largo Conde Ferreira 20, 2640-471 Mafra | ☎
(+351)261 811 015 | ◷ 09:30～19:00 | $ 視個人
預算 | ➡ 從馬孚勒皇宮步行2分鐘 | ⧗ 0.5小時 |
MAP P.197

　　從陶瓷器、磁磚、圍巾到手工棉布製品等都有,沒有華麗的擺設與燈光,是一家很有鄉土味的老奶奶紀念品店,價錢也較里斯本市區來得親切一些。

　　若是有購買紀念品的需求,參觀皇宮後可以順道來這裡逛逛,也許可以挖到經濟實惠又獨特的寶喔!

1.店家門口／2.販售許多鄉村風格棉製手工藝品／3.有點隨性的空間,充滿各類紀念品等你挖寶

美食餐廳

地點絕佳且料理極具特色

七個太陽
Sete Sóis

✉ Largo Conde Ferreira 1, 2640-473 Mafra｜📞 (+351)261 811 161｜🕐 週二～日12:00～15:00、19:00～22:00｜休 週一｜$ 10～20€｜➡ 從馬孚勒皇宮步行1分鐘｜⏳ 2小時｜MAP P.197

　　餐廳以《修道院紀事》中形容馬孚勒的名段落取名為「七個太陽」餐廳，以獵物餐(Platos de caça)聞名，常見野豬、野兔、野鹿等料理，鱈魚乾料理也是其特色菜之一。

　　餐廳用餐環境舒適，戶外及2樓室內靠窗更可邊欣賞馬孚勒皇宮的景致。這裡除了觀光客外，也是在地人非常喜愛的餐廳之一，餐點物超所值且備有英文菜單。

1 野豬燉肉／**2** 黑豬肉臘腸／**3** 充滿鮮味的海鮮燉豆／**4** 戶外也有用餐空間

知識充電站

常見海鮮列表

　　琳瑯滿目的海鮮料理不知該怎麼點餐嗎？這裡列舉出葡國餐廳中常出現的海鮮名稱，點餐之前先確認一下點選的食材是否是你所要的喔！

葡文	中文
Ameijoas	蛤蠣
Ameijoas à Bulhao Pato	奶油蒜炒香菜蛤蠣
Berbigão	歐洲鳥尾蛤
Bruxas/Cavaco	小蟬蝦
Burrié	歐洲玉黍螺
Búzio	海螺
Camarão	一般蝦
Canilha	刺螺
Carabineiro	紅蝦
Conquilha	斧蛤
Gamba	大蝦
Gamba Tigre	虎蝦
Gamba Tigre gigante	大虎蝦
Gambas à guillo	奶油蒜蝦
Lagosta	小龍蝦 (海水)
Lagostim	小龍蝦 (淡水)
Lavagante	龍蝦
Mexilhão	淡菜
Navalheira	天鵝絨蟹
Ostra	牡蠣／生蠔
Percebe	鵝頸藤壺
Pernas de carangueijo real	帝王蟹腳
Santola	歐洲蜘蛛蟹
Sapateira	麵包蟹／黃道蟹
Vieira	鮮貝

《修道院紀事》

葡萄牙最有名的文學家,也是1998年諾貝爾文學獎得主喬賽‧薩拉馬古(José Saramago)在1982年曾出版《修道院紀事》(Memorial do Convento),即是一部以馬孚勒修道院為背景,充滿詩意、愛情、歷史的傳奇小說,此書的成功也使馬孚勒因文學成為知名的小城。

當地人首選點心咖啡聚會地 ☕

北極烘焙坊
Polo Norte

✉ Praça da República 15, 2640-503 Mafra | ☎ (+351)261 811 070 | ⏱ 週二～日12:00～15:00、19:00～22:00 | 休 週一 | 💲 10～20€ | ➡ 從馬孚勒皇宮步行1分鐘 | http www.pastelariapolonorte.com | ⏳ 2小時 | MAP P.197

是當地人推薦的下午茶首選,人潮不斷,保證新鮮好吃。除了有傳統葡式甜點麵包外,最令人驚豔的是,就連在里斯本市內都不常見的、一系列非常精緻的法式慕絲甜點與巧克力。

想吃點熱鹹食也有烤麵包夾乳酪及火腿、披薩等可供選擇,店內位子多,肚子有點餓的時候到這裡坐坐就對了。

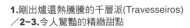
1.剛出爐還熱騰騰的千層派(Travesseiros)／**2~3.**令人驚豔的精緻甜點

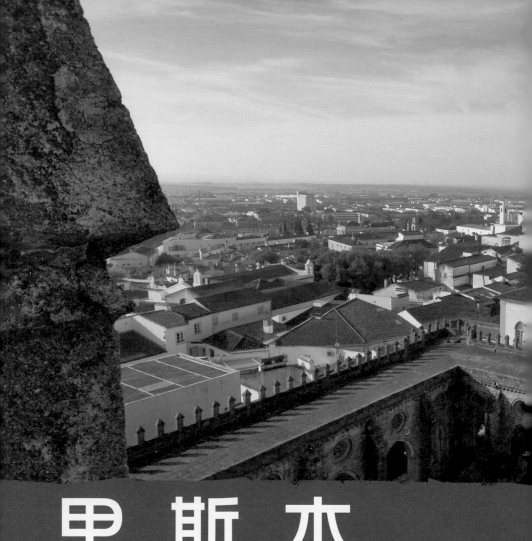

里 斯 本
周邊旅遊

圖片攝提／Municipio de Óbidos

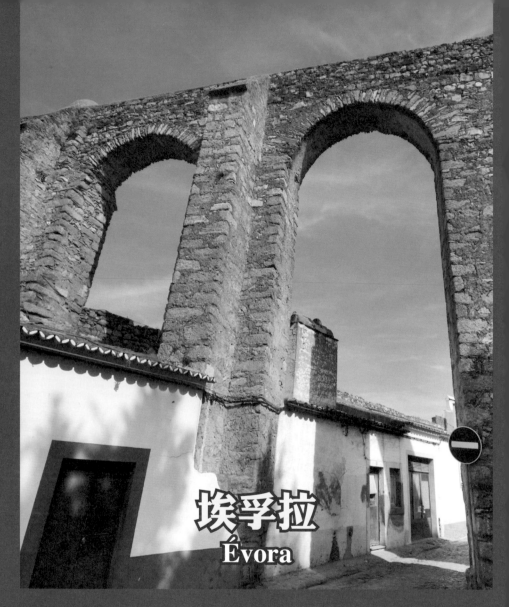

埃孚拉
Évora

1986年時UNESCO將埃孚拉古城列為世界文化遺產，
充滿著從羅馬時代留下來的遺跡、摩爾式建築、
更有葡萄牙在其黃金時代建成的華麗修道院和教堂。
位在農業發達的阿連特茹省中心，
其特色美食與美酒更是不容錯過。

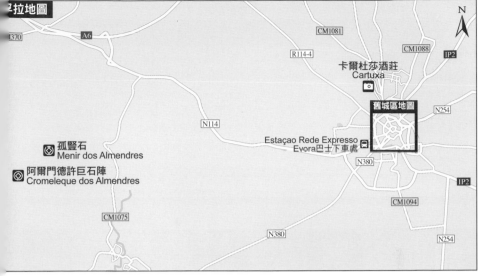

拉地圖

N

1370

A6

CM1081

R114-4

CM1088

IP2

卡爾杜莎酒莊
Cartuxa

N114

舊城區地圖

N254

孤豎石
Menir dos Almendres

Estaçao Rede Expresso
Evora巴士下車處

阿爾門德許巨石陣
Cromeleque dos Almendres

N380

IP2

CM1094

CM1075

N380

N254

拉舊城區地圖

N

Louro

José Elias Garcia

R. do Menino Jesus

R. do Menino Jesus

R. do Menino Jesus

Jardim Diana 公園

R. de Dona Isabel

Tv. das Casas Pintadas

Largo dos Colegiais

埃孚拉大學
Universidade de Évora

Pousada Convento Évora

羅馬神殿
Templo Romano

埃孚拉博物館
Museu de Évora

R. de Vasco da Gama

埃孚拉主教堂
Catedral de Évora

R. dos Caldeireiros

R. João de Deus

O Cesto

Páteo

Café
Arcada

Mont'Sobro

Igreja de Santo Antão 教堂

A Muralha

R. de Serpa Pinto

吉拉朵廣場
Praça do Giraldo

R. da Moeda

Praça do Giraldo

Café
Alentejo

Posto de Turismo

R. de Valdevinos

R. da Misericordia

Largo da
Porta de Moura

R. dos Mercadores

R. do Raimundo

R. do Lagar de Matos

R. dos Touros

R. de Bernardo Dinízios

R. Miguel Bombarda

R. de Dom Augusto Eduardo Nunes

Igreja do Carmo 教堂

Largo da
Graça

Tv. de Landim

Guião

Tv. da Caraça

R. da Graça

R. do Fradique

Igreja da Graça 教堂

人骨教堂／聖法蘭西斯可教堂
Igreja de São Francisco / Capela dos Ossos

Rua da República

Praça 1º de Maio

R. de Cicioso

舊城區景點皆列入UNESCO世界文化遺產

里斯本周邊・埃孚拉

埃孚拉地圖

埃孚拉位於葡萄牙中南部阿連特茹省的中心，由羅馬人建造的城市，埃孚拉自古即是非常重要的文化及軍事城市，亦是伊比利半島12世紀時的基督教復國運動(Reconquista Cristã)的中心城市。

於14世紀時受葡萄牙國王偏愛，漸漸發展成為葡萄牙第二大城。15、16世紀為其黃金時代，埃孚拉到達她發展的巔峰，為重要的軍事重鎮，皇室婚禮及重要宴會都時常會在這裡舉行。

17世紀時，埃孚拉在做為推翻西班牙統治者的角色也十分重要，然而至18世紀隨著埃孚拉大學的關閉，城市發展漸漸開始走下坡。

直到1986年被UNESCO列為世界文化遺產，埃孚拉也因此重新獲得葡萄牙人及世界的注目。

熱　門　景　點

羅馬神殿
Templo Romano

埃孚拉的城市象徵

✉ Largo do Conde de Vila Flor, 7000-863 Évora │ ⓒ 全日開放 │ 💲 免費 │ ➡ 自里斯本乘坐Rede Expressos巴士至埃孚拉下車處後步行約20分鐘 │ ⏳ 0.5小時 │ MAP P.205

這個羅馬神殿，建於西元1世紀，原是為紀念奧古斯都皇帝而建，是伊比利半島上保存度最良好的羅馬神殿之一，也俗稱「迪安娜神殿」(Templo de Diana)，是造訪埃孚拉必訪的景點。

5世紀摩爾人占領伊比利半島時，對羅馬神殿有很大程度的破壞，在葡萄牙驅逐摩爾人建國後的幾世紀，神殿遺跡常被多角應用，如在14世紀當做城堡的金庫使用，或是之後甚至改建為屠宰場使用。直到19世紀後半，這個遺跡才慢慢受到重視，在20世紀考古發現更多門廊的部分，加以修復整建成今日的面貌。

1~2.羅馬神殿可說是埃孚拉城市代表

人骨教堂／聖法蘭西斯可教堂

Capela dos Ossos／Igreja de São Francisco

體會人生的無常與脆弱

✉ Praça 1º de Maio, 7000-650 Évora │ ☎ (+351)266 704 521 │ ◷ 09:00～17:00 (6～9月間延長至 18:30) │ 休 1/1、復活節、12/24及12/25 │ $ 成人 票5€，25歲以下及65歲以上3.5€ │ ➡ 自里斯本乘 坐Rede Expressos至埃孚拉下車處後步行約14分 鐘 │ ⏳ 1小時 │ http igrejadesaofrancisco.pt │ MAP P.205

13世紀時進到埃孚拉的天主教方濟 會士們，在14世紀始建了聖法蘭西斯可 教堂，教堂在當時為傳統哥德式建築。至 15、16世紀，隨著葡萄牙國王參訪跟居住 在埃孚拉的時間增加，教堂因而逐漸加入 了葡萄牙海權黃金時代特有的「曼奴埃爾 風格」。

16世紀時，埃孚拉的42個修道院墓園已 「骨滿為患」，於是在三名方濟會士的主導

之下，在17世紀 將城中墓園的人 骨收集起來，以 原本方濟會士的 宿舍為主體建成 精巧的人骨教堂， 其創始目的是想 傳達「人的生命 是如此脆弱」的

訊息，藉此來宣揚天主教永生的教義。教 堂牆壁和8根柱子上都覆蓋著人骨，其中頭 骨約有5,000個。

1.充滿著海權黃金時代的光輝，不愧為別名「黃金修 道院」的聖法蘭西斯可教堂／**2.**教堂正門上方寫著「 我們的屍骨在此等待你們的屍骨」／**3.**由數千人骨所 建成的人骨教堂

吉拉朵廣場
Praça do Giraldo
埃孚拉的旅行起點

✉ Praça do Giraldo, 7000-508 Évora | ➡ 自里斯本乘坐Rede Expressos至埃孚拉下車處後步行約13分鐘 | ⌛ 0.5～1小時 | MAP P.205

在埃孚拉,可說是「條條大路通吉拉朵廣場」。

吉拉朵廣場是為了紀念無懼勇者吉拉朵(Geraldo sem Pavor),由葡萄牙的第一任國王阿方索一世於1165年驅逐了摩爾人之後而命名。

16世紀為葡萄牙的都市化時代,許多都市建設都在此時進行。廣場中心為巴洛克風格的大理石噴泉,建於1571年,噴泉有8個噴口,分別指向8個主要街道,噴泉當時做為每日市集廣場的中心,噴泉邊總聚著前來取水的人們。廣場一側是聖安唐教堂(Igreja de Santo Antão),廣場周邊則有旅客服務中心及各式咖啡館,這裡非常適合做為參訪埃孚拉的起點,是個充滿有趣小細節、值得細細品味的地方。

知識充電站

埃孚拉市徽的由來

如同所有的紋章與市徽，背後都有其歷史。而埃孚拉市徽上，一個舉劍騎著馬的人正是無懼勇者吉拉朵，他原是失意的貴族騎士，為了向阿方索國王證明自己，率領了幾名騎士在暗夜突襲摩爾人的瞭望塔，砍下一個男人和其女兒的首級，正是市徽上代表的兩個人頭，吉拉朵立下大功受到國王賞識，也成為埃孚拉人永遠的傳奇。

CÂMARA MUNICIPAL DE ÉVORA

1

1.埃孚拉的官方市徽／**2.**吉拉朵廣場路燈上都有著市徽／**3~4.**埃孚拉主教堂修道院頂的牆面嵌上刻著無懼勇者吉拉朵騎馬抗摩爾人的大理石雕刻

1.廣場的夜晚風情，有別於白天／**2.**廣場一邊是葡萄牙銀行的分行(Agência do Banco de Portugal)／**3.**廣場的一側為聖安唐教堂，周邊還有各式咖啡館／**4.**噴泉有8個噴口，分別指向8個主要街道，噴泉頂的皇冠是1619年被國王菲利浦三世所加上去的

4

埃孚拉主教堂
Sé de Évora／Catedral de Évora

葡萄牙境內最大的中世紀主教堂

✉ Largo do Marquês de Marialva, 7000-809 Évora │
☎ (+351)266 759 330 │ ⏰ 09:00～17:00(博物館最
後進入時間16:00，制高觀景台最後進入時間
16:30)│🚫主教堂及其觀景台加修道院：12/24、
12/25、1/1，博物館：週一、12/24、12/25、1/1
│ 💲主教堂及修道院 2.5€，主教堂及其觀景台加
修道院3.5€ │ ➡ 自吉拉朵廣場沿 Rua 5 do
Outubro步行5分鐘，或自羅馬神殿步行2分鐘│⏳
0.5～1小時│http www.evoracathedral.com │⁉ 若
欲登上觀景台，由於旋轉樓梯空間狹小，建議穿
著簡便並不要攜帶太大的背包│MAP P.205

12世紀末開始建
造，完成於1250年，
有著羅馬風格以防禦
為特徵的巨大堅固主
體和小窗戶，及尖頂門窗
多層次設計的哥德風，是典型介於羅馬及

哥德式的混合建築,在15、16世紀曾有不同程度的改建。

除了具有歷史跟政治的意義,這裡也是埃孚拉最具代表性的建築,並且是欣賞全城景觀最佳的制高點,爬到教堂屋頂,可以近距離觀看圓頂鐘樓,從外部欣賞哥德式窗台及彩繪玻璃,整個城市的美景也都一覽無遺。

若是對宗教藝術感興趣者,可繼續參觀修道院Claustro一側的神聖藝術博物館(Museu de Arte Sacra),那裡聚集了全城各教堂的重要文物。

1.在修道院頂望著主教堂建築,其中一角有著無懼勇士吉拉朵趕走摩爾人的壁雕／2.中殿及主教堂令人摒息的規模,不愧為葡萄牙境內最大的中世紀教堂 ／3.教堂最具代表性、金光閃閃的懷孕形象聖女石雕(Senhora do Ó)／4.修道院的哥德式窗戶及屋頂／5~6.教堂正門的哥德風格太陽門(Porta do Sol)及門廊使徒／7~8.爬到教堂頂欣賞制高風景,鐘樓及圓頂也近在眼前

埃弗拉大學
Universidade de Évora

葡萄牙第二古老的大學

1.教室內保存著16世紀留下來的講堂與滿室的精美藍磁／2.有著文藝復興風格雕像的正門，原是修道院的一部分／3.讓人也想在有著這樣美麗長廊的大學唸書

✉ Largo dos Colegiais 2, 7000-812 Évora │ ☏ (+351)266 740 800 │ ⏰ 週一～六09:00～20:00 │ 💲 全票3€，12歲以下免費 │ ➡ 自吉拉朵廣場步行約9分鐘 │ ⏳ 0.5～1小時 │ http www.uevora.pt │ ⁉ 參觀校園時請勿打擾教授及學生上課 │ MAP P.205

埃弗拉大學成立於1559年，是葡萄牙儘次於科英布拉大學(Universidade de Coimbra)的第二古老大學。

文學、理學、神學、科學通通有的全方位大學，是伊比利半島學術及政治的搖籃。因此在1755年大地震後，龐巴爾侯爵在重建里斯本時，為整合民心、驅逐異見，將其視為政治上重整的目標之一，在1759年關閉埃弗拉大學，驅逐了所有有學識的耶穌會士，此舉為葡萄牙學術界的重大損失。一直到了1973年，葡萄牙教育部才又讓她重生，於1979年正式改制為現在的埃弗拉大學。

埃弗拉博物館
Museu de Évora

館藏超過兩萬件文物的世界級博物館

✉ Largo do Conde de Vila Flor, 7000-804 Évora │ ☏ (+351) 266 730 480 │ ⏰ 週三～日10:00～18:00，週二14:00～18:00 │ 休 週一 │ 💲 全票3€，學生及退休者1.5€，14歲以下免費 │ ➡ 自吉拉朵廣場步行約5分鐘 │ ⏳ 0.5～1小時 │ MAP P.205

1915年正式成立，展品是自1870年開始就陸續蒐集，至今超過兩萬件，是葡萄牙境內非常重要的博物館之一，具世界級重要地位。

有很多15世紀的重要繪畫、羅馬時代的文物、中古世紀的石棺和墓碑，以及埃孚拉各地重要的歷史文物都集中在這裡，別忘了埃孚拉可曾是伊比利半島非常重要的政治及軍事中心，她的歷史有多長，這裡就有多精采。博物館就位於埃孚拉主教堂的旁邊，十分容易到達，但可別被她樸素的外表給騙了而忽略參觀喔！

1~2.16世紀的建築文物也鑲嵌入建築中／ 3.近距離欣賞華美的皇冠

卡爾杜莎酒莊
Cartuxa

阿連特茹地區最有名的酒莊

✉ Quinta de Valbom, Estrada da Soeira, 7005-003 Évora | ☎ (+351)266 748 383 | ⏰ 10:00～19:00 | 💲 5～40€ | ➡ 無公共交通運輸，僅於埃孚拉城外西北方2公里處，由城北步行30分鐘可達，亦可直接乘坐計程車 | ⏳ 0.5～1小時 | http www.cartuxa.pt | MAP P.205

卡爾杜莎是阿連特茹地區非常重要的酒莊，其在2005年的紅酒Pêra-Manca更獲得Vivino的Wine Style Awards全球紅酒中的第九名，為葡萄牙紅酒中的最高名次。

同樣是Pêra-Manca在2006年的白酒，也獲得了葡萄牙全國的前三名。Cartuxa除了有非常聞名的紅、白酒外，也有高品質的橄欖油。

酒莊每日皆可參觀，含約一個半小時的英文導覽、品酒與品橄欖油，需先至官網預定時間，依欲品酒的等級，每人費用在10～40€間。

1.酒莊入口／2.參觀過程可親眼見到釀酒木桶區／3.品酒的全程皆有詳細解說

阿爾門德許巨石陣
Cromeleque e Menir dos Almendres

體驗超自然力量

✉ Cromeleque dos Almendres, Nossa Senhora de Guadalupe, Évora｜🕐 全日開放｜💲 免費｜➡ 單程約30分鐘車程或可於埃孚拉市內參加巨石旅遊團(Tour do Megalítico)｜⏳ 0.5～1小時｜🅼 P.205

離埃孚拉西方約13公里的近郊處，有伊

比利半島最大、也是歐洲最古老的環形巨石陣(Cromeleque dos Almendres)，在1964年才被考古學家恩里克·萊昂諾·德·皮納(Henrique Leonor de Pina)發現，估計於西元前5,000年形成，相較全球聞名的英國巨石陣(Stonehenge)的歷史還要早了2,000年，共約有100個大小石塊。

距環形巨石陣約3公里的孤豎石(Menir dos Almendres)，是巨石陣中最高的一顆石頭，高約3.5公尺，由巨石陣的方向看來

·深·度·特·寫·

埃孚拉慶典

年度城市慶典
Feira de São João

超過500年歷史的年度城市慶典，通常在每年6月底舉辦，為期10天左右。

除了有葡萄牙慶典不可少的美食及飲料攤位外，下午及傍晚會有音樂會及活動輪番登場，還有非常大的兒童遊戲區，可以讓大人和小孩同樂。幾乎每一晚都會有葡國或歐洲知名歌手的免費演唱會，吸引各地葡人及觀光客來此音樂朝聖。

1～2.每晚的攤位跟音樂節目是慶典重點／3.製作傳統椅子的工匠／4.阿蓮特茹地區的土風舞／5.當地幼兒園在慶典中的遊行(以上圖片提供／Câmara Municipal de Évora)

正是夏至日出的位置。巨石的真正來源及功用不明，但據推測與農業和畜牧的崇拜儀式有關。

1.孤豎石
2.神祕的巨石陣

埃孚拉國際木偶節
Bienal Internacional de Marionetas de Évora (BIME)

　　每兩年一度的國際木偶節，通常在6月舉行持續1週，2019年邀請了12個國家、共90位藝術家前來表演，整個城市彷彿變成一個大劇場，有室內外的表演、遊行，充滿與大人小孩同樂的節目，非常值得在此時一遊埃孚拉，體驗歷史同時也感受木偶節的活力與趣味。

1~2.遊行穿梭廣場及小巷／3.音樂是重要的慶典元素／4~5.民眾同歡的熱鬧景象(以上圖片提供／Câmara Municipal de Évora)

逛街購物

老字號酒窖及品酒服務

Louro

✉ Rua José Elias Garcia 32, 7000-609 Évora │ ☎ (+351)266 702 700 │ ⏰ 週一～六10:00～19:00 │ 休 週日 │ $ 5～30€ │ ➡ 自吉拉朵廣場步行約5分鐘 │ ⏳ 0.5小時 │ MAP P.205

1951年創立的家族企業,目前由第三代João Louro Passos延續家族引以為傲的傳統,除了展現對酒的專業度,更提供一系列葡萄牙產的美食組合,如橄欖油、亞速群島的魚罐頭、各種果醬等,超過500種商品,希望以美酒佐美味小食,讓遊客留下最好的回憶。

各種品酒行程皆可依人數及預算彈性設計,老板親切,言談間不難發現他對阿連特茹的熱愛,老板不僅會說英語且會提供許多觀光建議,不妨駐足感受一下!

1.擺放著橡木桶的店景,傳達出對酒的專業度／**2.**主店面旁的酒窖及品酒室／**3.**葡萄牙從北到南的酒,種類齊全

埃孚拉紀念品店的首選
O Cesto

✉ Rua 5 de Outubro 57A/77, 7000-854 Évora｜📞 (+351)266 703 344｜🕐 10:00～19:00｜💲 10～30€｜➡ 自吉拉朵廣場步行約1分鐘｜⏱ 0.5小時｜🌐 ocesto.pt｜🗺 P.205

　　在街頭跟街尾各有一家店的O Cesto，是這條紀念品店街上的老店，成立於1983年，主要販賣葡製傳統及現代陶瓷器、軟木製品、珠寶配件等，在選物上可以看出對阿連特茹文化的推廣意涵，這是店主的堅持，希望各地旅人能帶走有品質的文化回憶。

1～2.街頭及街尾的店面／3.有傳統風格的瓷盤設計／4.富含現代感設計的陶瓷藝品

軟木製品專賣店
Mont'Sobro

✉ Rua 5 de Outubro 66, 7000-872 Évora｜📞 (+351)266 704 609｜🕐 10:00～17:00｜💲 5～20€｜➡ 自吉拉朵廣場步行約3分鐘｜⏱ 0.5小時｜🌐 www.montsobro.com｜🗺 P.205

　　阿連特茹地區以生產軟木全球聞名，軟木製品是他們生活的很大一部分，也是葡萄牙人與自然共生的生活方式。這家軟木製品專賣店，嚴選阿連特茹生產軟木，除了加工成為遊客喜愛的特色明信片及錢包外，最受歡迎的是有多種設計及尺寸的軟木帽，以及保暖實用的室內鞋了，許多飾品配件都是實惠的紀念品喔！

1.從明信片、錢包、軟木飾品應有盡有／2.連保暖的室內鞋都可製作／3.背包、髮飾、牛仔帽皆為軟木製造

美食餐廳

體驗在吉朵拉廣場上吃早餐

拱廊咖啡館
Café Arcada

✉ Praça do Giraldo 7, 7000-661 Évora | ☎ (+351) 266 741 777 | ⏰ 08:00～22:00 | 💲 3～15€ | ➡ 吉拉朵廣場(Praça do Giraldo)旁 | ⌛ 0.5～1小時 | 🅼AP P.205

在40年代就創立的拱廊咖啡館，曾是風光一時、在葡萄牙國內數一數二的高級餐館，可以服務100桌以上的客人，對50年代的埃孚拉人來說是個非常重要的存在。

曾經那樣光輝的歷史雖已不在，但它仍是在吉朵拉廣場旁令人注目的重要咖啡館，大大的玻璃櫥窗中總有著剛烤好沒多久的乳酪塔跟各式點心，進進出出的人潮像是訴說著人們在心中對它的喜愛。

除了在咖啡館內有很大空間可以內用

外，天氣好時最令人放鬆的，莫過於在吉朵拉廣場上邊欣賞著廣場景觀，邊吃著早餐或午餐了。

1.店如其名，這是一家是開設在拱廊的咖啡館／2.總能在玻璃櫥窗中看到剛烤好沒多久的乳酪塔跟各式點心／3.在廣場上來份豐富的早餐吧／4～5.經典乳酪塔與杏仁塔

餐點如其名般的經典美食餐廳
Café Alentejo

✉ Rua do Raimundo 5, 7000-661 Évora | ☎ (+351)266 706 296 | 🕐 12:30～15:00、19:30～22:45 | 💲 15～30€ | ➡ 吉拉朵廣場旁 | ⌛ 1～2小時 | 🌐 restaurantecafealentejo.com | 🗺 P.205

　　若是在埃孚拉只能去一家餐廳的話，許多當地人一定會推薦它！無論是前菜、主餐跟甜點，都是葡萄牙阿連特茹地區的特色菜，就如同它的名字Alentejo般經典。

　　要特別注意的是，這家餐廳在分量上也遵循著阿連特茹的傳統都非常大，若是多人同行可以考慮少點一道主餐而以多一道前菜取代。

　　若想真正像當地人一般體驗這裡的豪氣飲食傳統，在大口吃肉的同時，也別忘了要大口喝紅酒喔！

1～2.搭配洋蔥絲或炒蛋等的冷熱前菜／3.入口即化的燉牛尾

有著國際化服務的道地傳統餐廳
Guião

✉ Rua da República 81, 7000-645 Évora | ☎ (+351)266 703 071 | 🕐 週二～日12:00～15:00、19:00～22:00 | 休 週一 | 💲 15～30€ | ➡ 恩典教堂(Igreja da Graça)旁 | ⌛ 1～2小時 | 🗺 P.205

　　這家餐廳的內裝不如它門面看來那樣窄小，一共有三層樓，就算看似滿座，也不用擔心，走進去就對了。

　　不同於大多數葡國傳統餐廳，這裡的服務生雖年長但幾乎都能說上流利的英文，且並不是那種針對觀光客的油腔滑調，而是一種希望客人安心的體貼。服務生會拿著有不同前菜的大餐盤到客人面前介紹，常見的章魚沙拉或伊比利火腿通通有。

　　主餐分量適中，搭配一道前菜或甜點是合適的單人分量。燉麵包(Migas)是這裡的特色菜，配上燉肉通常不會令人失望。

1.小門面裝飾著吸睛、奇形怪狀的瓜／2.美味的阿連特茹蘆筍燉麵包配豬肉／3.可愛的傳統餐館

小歇吃點心的好去處 ☕

A Muralha

✉ Rua 5 de Outubro 21, 7000-854 Évora | ☎ (+351)266 702 284 | 🕐 週一～五08:00～19:00，週六08:00～13:00 | 休 週日 | 💲 3～15€ | ➡ 吉拉朵廣場旁 | ⏳ 0.5～1 小時 | MAP P.205

　　這家除了是咖啡館，同時也是提供平價簡單葡式家常料理的餐廳，最不可錯過的是他們自製的經典蛋塔及乳酪塔，看似普通無奇，但皮薄、內餡香甜地恰到好處，非常值得一試。

　　因就在埃孚拉「紀念品一街」10月5日街上，不妨在逛紀念品店逛到累的時候，到這裡喝杯咖啡、吃個有名的乳酪塔(queijada)休息一下。

1.低調的咖啡館入口／**2.**令人驚豔的美味乳酪塔，冷冷地吃也完全不失美味

悠閒的中庭餐廳 🍴

Páteo

✉ Beco da Espinhosa 53, 7000-841 Évora | ☎ (+351)266 703 375 | 🕐 週二～日12:00～23:30 | 休 週一 | 💲 3～15€ | ➡ 從吉拉朵廣場步行3分鐘 | ⏳ 1～1.5 小時 | MAP P.205

　　帶著樹蔭的庭院，輕鬆悠閒的葡式音樂，新鮮可口的阿連特茹特色食物，再來杯調酒，真的令人感覺這就是旅行中完美的飲食體驗啊！

　　除了正餐時間外，酒吧的營業時間很長，隨時可供應不同的冷熱小食，再加上親切周到的服務，真是無可挑剔的一家酒吧與餐館。

1.一不小心就會錯過入口／**2.**非常親切的服務生／**3.**阿連特茹風燉豬肉加上水果酒／**4.**環境令人非常放鬆

住宿情報

地點絕佳的歷史建築住宿體驗

Pousada Convento Évora

✉ Largo Conde Vila-Flor, 7000-804 Évora │ ☎ (+351)266 730 070 │ 💲 180～480€ │ ➡ 羅馬神殿旁 │ ⌨ www.pousadas.pt │ 🗺 P.205

今日所在建築的名稱為「Pousada dos Lóios」，由15世紀所建的傳教士聖久旺修道院(Mosteiro de S. João Evangelista)改建，每個房間即是修道院士的舊時寢室，為保存原有風情僅做了極精簡的改建。

置身於修道院的長廊用餐、在中庭小巧的室外泳池享受中世紀風情，是非常特別的體驗。附設餐廳、酒吧與免費停車。

1.享受在中世紀修道院中用餐的風情／2~3.與古蹟融為一體／4.總統套房／5.附有小巧的泳池(本頁圖片提供／Pousada Convento Évora)

歐畢杜須
Óbidos

羅馬時代以來的小鎮，
為迪尼須國王(D. Dinis)送給皇后(D. Isabel)的結婚禮物，
代代相傳至1834年都是葡萄牙皇后的屬地，也因此建有許多教堂。
歐畢杜須的城牆被葡萄牙文化遺產組織(DGPC)選為葡萄牙奇觀之一，
亦以文學小鎮(Cidade Literária)之名，
加入UNESCO創意城市網絡(Rede de Cidades Criativas)。

歐畢杜須地圖

- Castelo de Óbidos
- Pousada Castelo Óbidos
- 聖緹阿古教堂 Igreja de São Tiago
- R. do Castelo
- R. Coronel Pacheco
- R. Direita
- 聖瑪莉亞教堂 Igreja de Santa Maria
- Capinha d'Óbidos 烘焙坊
- Museu Municipal de Óbidos 博物館
- R. Direita
- Olaria S. Pedro
- Igreja de São Pedro
- Mercado Biológico de Óbidos
- Book & Cook
- Óbidos Mini Post Shop
- R. Josefa de Óbidos
- R. do Padre Nunes Tavares
- R. Dom João de Ornelas
- Tv. do Jogo da Bola
- R. do Pacho
- R. Direita
- R. da Praça
- N8
- Porta da Vila 城門
- Mercearia de Ideias
- R. da Praça
- Poço dos Sabores

旅行小抄

歐畢杜須交通建議

　　從里斯本出發最便捷的大眾交通工具是先搭乘Metro黃線或綠線至Campo Grande地鐵站，出站後往巴士方向走約1分鐘至搭乘Rodoviária do Oeste巴士公司的快速綠線(Rápida Verde)乘車地，車程約1小時，單程全票7.95€，可直接上車購票。

　　住歐畢杜須在里斯本工作或求學的人很多，平日班次早上(歐畢杜須→里斯本)及下午(里斯本→歐畢杜須)的尖峰時間非常密集，約10～15分鐘一班，週末假日則約1小時一班。

巴士乘車地
在里斯本：✉ Rua Actor António Silva 5, 1750-139 Lisboa
在歐畢杜須：✉ Rua da Praça, 2510-089 Óbidos

聖佩特羅教堂(Igreja de São Pedro)

在一角守護著這小鎮(圖片提供／Município de Óbidos)

熱門景點

聖瑪莉亞教堂
Igreja de Santa Maria

城內的指標大教堂

✉ Praça de Santa Maria, 2510-001 Óbidos｜📞 (+351)262 959 633｜🕐 4～9月09:30～19:00，10～3月09:30～17:00｜💲免費｜➡自里斯本乘坐快速綠線至歐畢杜須下車處後，步行3分鐘至城門，再沿Rua Direta步行約4分鐘｜⌛0.5小時｜🗺 P.223

西哥德王國時代就存在的教堂，摩爾人改為回教清真寺，到了1148年以後阿方索統治時期再改回基督教形式。這裡是1441年阿方索王子(國王阿方索五世)和伊莎貝爾皇后結婚的教堂，他們當時是只有10歲跟8歲的孩子呢。

隨著時間過去，教堂毀壞到不堪使用的程度，在1571年，皇后卡塔麗娜(D. Catarina de Áustria)下令重建成為今日我們所見的面貌。

1.內部有許多不同時期留下來的改建痕跡／2.教堂前為聖瑪莉亞廣場(Praça de Santa Maria)

Óbidos

224

聖緹阿古教堂
Igreja de São Tiago

成為文青書店的教堂

✉ Largo de São Tiago do Castelo, 2510-057 Óbidos｜📞 (+351)262 959 633｜🕐 10:00～19:00｜💲 免費｜➡ 自里斯本乘坐Rede Expressos 至歐畢杜須下車處後，步行3分鐘至城門，再沿 Rua Direta步行約5分鐘｜⏳ 0.5小時｜🗺 P.223

原為建於12世紀的哥德風格建築，和城堡內部相連，因此，過去是皇室經常出席禮拜的教堂。

曾經受到里斯本大地震影響全毀，在1772年開始重建，6年後完成為今日主要面貌，從主街Rua Direita遠遠就可以看到教堂的正門。

教堂曾有非常長的一段時間遭廢棄，直到書店集團「慢慢閱讀」(Ler Devagar)接手，將其轉型為文青書店才又重新充滿生氣，這裡也扮演了歐畢杜須在UNESCO文學城市中相當重要的角色。

1.和城堡內部相連的教堂主體／**2.**主街上遠遠就能看到教堂正面／**3.**教堂聖壇與書店融為一體

歐畢杜須節慶

中世紀市集
Mercado Medieval de Óbidos

每年的7月中～8月初會有歐畢杜須的中世紀市集，晚上的活動都會以「火」做為主要的照明，就如同在中世紀一般。有美食、有音樂、有表演、有歷史重現等活動節目。入場均需購票，有大量兒童與大人的服飾可借租借，換裝立刻變身為中世紀百姓或貴族。想體驗葡

1

萄牙的中世紀風情，一定不能錯過這場中世紀市集。

http mercadomedievalobidos.pt

國際巧克力節
Festival Internacional de Chocolate

歐畢杜須在每年4月底～5月初，會迎來國際有名的巧克力大師，製作巧克力雕像、傳授製作巧克力相關的美食技巧、販賣許多精品巧克力等，同時也有許多親子同樂的活動，每年總會吸引成千上萬的人前來共襄盛舉。

入場均需購票，票價視參與節目數量而異，需特別注意儘量避開週末，擁擠的人潮可不是開玩笑的喔！

http festivalchocolate.cm-obidos.pt

2

3

1.火是中世紀市集最重要的元素(圖片提供／Municipio de Óbidos)／2.週末滿滿排隊要買票進入巧克力展的人潮／3.到處都看得到的巧克力杯加櫻桃酒的歐畢杜須式飲法(詳見P.230)

逛 街 購 物

有品味的嚴選紀念品店
Mercearia de Ideias

✉ Tv. do Mte. Fernando, 2510-065 Óbidos｜☎
(+351)262 094 586｜🕐 週一～六10:00～18:30｜
休 週日｜➡ 自城門步行約1分鐘｜⏳ 0.5小時｜
MAP P.223

進到這家在主街Rua Directa起點的紀
念品店，彷彿到了另一個時空，乾淨清爽
的空間，用心陳列著店主精心挑選既可以
代表葡萄牙，又充滿設計感不落俗套的紀

念品。

也有一大部
分是充滿童
趣的玩偶玩
具系列，不見
得是買給孩子，其
實只要是充滿童心的大人們，也常都會忍
不住買給自己呢。

1.仿真沙丁魚陶瓷裝飾／2.位在進主街前的巷子／3.
各種包裝精緻充滿設計感的海鮮罐頭／4.彩繪陶瓷及
棉布沙丁魚裝飾／5.有質感且充滿趣味的商品(本頁圖片
提供／Mercearia de Ideias)

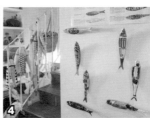

里斯本周邊・歐畢杜須

深度特寫、逛街購物

227

台灣女生開的客製明信片小店

Obidos Mini Post Shop

✉ Tv. do Jogo da Bola S/N, 2510-001 Óbidos | ☎ (+351)920 466 691 | ⏰ 10:00〜20:00 | 💲 3〜10€ | ➡ 自城門步行約2分鐘 | ⏳ 0.5小時 | http www.minipost.shop | MAP P.223

　　店主是個喜歡旅行且非常感性的台灣女生，因緣際會之下在歐畢杜須落腳，她記得在旅行時總會記錄著自己的感受，寫在明信片上寄給家鄉的親友，分享旅行的點滴與對他們的牽掛。相信收過手寫明信片的人都知道它能帶給人的溫度，比任何紀念品都來得雋永。

　　店中除了有獨特的風格明信片外，還可以把自己拍的照片印出來，製成獨一無二的明信片喔！

1. 親切的一對店主／**2.** 風格獨特的明信片(以上圖片提供／洪逸家 Ada)

有機雜貨店與二手書店的結合

Mercado Biológico de Óbidos

✉ Rua Direita 28, 2510-102 Óbidos | ☎ (+351) 262 098 311 | ⏰ 09:00〜22:00 | 💲 3〜10€ | ➡ 自城門步行約1分鐘 | ⏳ 0.5小時 | http www.mercadobiologicodeobidos.com | MAP P.223

　　同樣是歐畢杜須做為文學城市努力的方向之一，二手書店同時結合了有機雜貨蔬果店，乍看之下違和的組合，但卻意外地合拍。

　　兩者皆強調環保，結合人文與自然的永續發展，多麼可愛的發想。因為店主悉心的打點經營，有個性的空間也讓這裡成為新的觀光景點呢。

1. 書香與蔬果香的結合／**2.** 滿屋的書籍散發著身為文學城市味道(以上圖片提供／洪逸家 Ada)

Óbidos

美食餐廳

城外的當地指標性美食餐館

Poço dos Sabores

✉ Rua Principal 83 B, Usseira, 2510-772 Óbidos | ☎ (+351)262 950 086 | 🕐 12:30～15:00、19:30～22:45 | 💲 15～25€ | 🚗 自駕或搭乘計程車，距歐畢杜須城門10分鐘車程 | ⏳ 1.5～2 小時 | ⁉ 強烈建議要訂位 | 🅼 P.223

位於歐畢杜須城堡外烏塞依拉(Usseira)小鎮上的美食餐廳，是當地人請客絕對不失禮的首選，沉穩的氛圍亦可見許多夫婦或朋友兩人同行，目前幾乎沒有觀光客，但用餐時段總是客滿。

主廚曾在法國及瑞士修業，主菜與配菜的搭配口味絕佳，大量使用時令水果入菜，為傳統葡式料理帶來一些新的味覺體驗，每6個月會更新一次菜單。

1～2.料理用心，道道有滋有味，即便是簡單的牛排與炸魚塊也讓人回味無窮／**3.**充滿鄉村風情的石塊屋

在書香中用餐

Book & Cook

✉ Rua Dom João de Ornelas, 2510-074 Óbidos | ☎ (+351)262 959 217 | 🕐 20:00～23:00 | 💲 25～35€ | 🚶 自城門步行約4分鐘 | ⏳ 1.5～2小時 | 🌐 www.theliteraryman.pt | ⁉ 目前只有晚餐時間營業 | 🅼 P.223

位於四星文學主題酒店「The Literary Man」中的餐廳，由前修道院改建而成的獨特氛圍，加上滿滿不同主題、由世界各地蒐集來的藏書，完全呼應歐畢杜須做為文學小鎮的內涵。

餐點是現代風融合葡式與日式，多層次的滋味十分美味，除了有各種肉類、海鮮料理外，亦有不少素食選項。

一旁還有一個小小的琴酒酒吧，提供非常多樣的琴酒雞尾酒，使用自家產的有機香料植物製成的冰塊是其自豪的特色。

1.視覺味覺雙重享受／**2.**中世紀修道院與圖書館結合的用餐氛圍，時常亦會有輕音樂Live演奏(以上圖片提供／洪逸家 Ada)

里斯本周邊·歐畢杜須　逛街購物、美食餐廳

櫻桃酒Ginjinha

櫻桃酒，音近「吉近尼亞」，是由歐洲酸櫻桃的果實Ginja製成。取成熟的果實洗淨後，加入以葡萄製成的蒸餾酒(Aguardente de uva)及糖，浸泡至少一年以上而成，酒精濃度在20%上下，帶著微酸味的甜酒，深受葡人喜愛。葡萄牙在里斯本、歐畢杜須、中部阿爾柯巴薩(Alcobaça)及南部阿爾加維都產酸櫻桃及櫻桃酒。

在里斯本，人們通常用小玻璃杯直飲，而在歐畢杜須喝櫻桃酒，常會倒在杯形的巧克力中，趁巧克力還不融手之際快速喝完，並趁口中還有酒的時候把杯形巧克力吃掉，感受黑巧克力和甜甜櫻桃酒融合的絕妙滋味。

著名的歐畢杜須櫻桃酒莊：

Ginja de Óbidos
Oppidum
http ginjadeobidos.com

Frutóbidos
http www.frutobidos.pt

Licóbidos
http www.licobidos.com

1.用來釀酒的櫻桃，其色澤及大小與一般食用櫻桃略有不同／**2.**在主街Rua Direita上到處都可以看到賣櫻桃酒的酒吧／**3.**用巧克力小杯盛酒，在飲用後再一起入口最對味／**4.**在此時時都能來杯香甜櫻桃酒(1、3、4圖片提供／Município de Óbidos)

住 宿 情 報

來去城堡住一晚

Pousada Castelo Óbidos

✉ Paço Real, 2510-999 Óbidos | ☎ (+351)210 407 630 | 💲 190～440€ | ➡ 聖緹阿古教堂後方 | http www.pousadas.pt | MAP P.223

葡萄牙第一個歷史建築旅館(Pousada)，共僅有17個房間，其中還包括3間在城樓(Torres de Menagem)內的套房，真實感受到住在中世紀石塊城牆內的感受。

除了城樓內的房間，另一側是16世紀初曼奴埃爾風格的建築，從繩結窗戶看出去就能直接感受到中世紀風情，一邊喝著櫻桃酒，一邊欣賞著背叛之門(Porta da Traição)，想像著阿方索國王派兵攻進歐畢杜須的那刻。

1.城堡入口／**2~3.**在曼奴埃爾風格窗戶邊用餐／**4.**城樓中的套房／**5.**完全體驗中世紀氛圍(以上圖片提供／Pousada Castelo Óbidos)

TRAVEL INFORMATION
實用資訊

出發與抵達
DEPARTURE & ARRIVAL

簽證

葡萄牙為申根國家之一，目前台灣護照具三個月以上效期的持有者，180天內最長可停留90天，無需事先申請簽證。然而申根國家為加強邊界安全，在2021年起，目前所有免簽待遇的國家國民均需在出發前線上申請「ETIAS電子旅行許可」，若無問題幾分鐘內即可取得許可，具效期三年。

http ETIAS電子旅行許可：
www.schengenvisainfo.com

旅遊保險

「申根旅遊保險」對需申請申根簽證者是入境必要的文件之一，但申根免簽國家護照持有者則不是必需，因而台灣護照持有者無需準備包含整個申根區的旅遊保險，不會有被抽查之虞。話雖如此，但仍強烈建議可依個人需求，投保目標旅遊國家的醫療險及旅遊不便險。

航班

里斯本目前和東亞沒有直飛的航線，只轉機一次的話，建議可先飛到主要西歐大城(如巴黎、阿姆斯特丹等)再轉飛里斯本，或是也可以選擇在伊斯坦堡或杜拜轉機，通常會有比較實惠的機票。

機場

從里斯本國際機場(LIS)抵達葡國時，

因機場就位於里斯本市區地鐵紅線的北邊起站Aeroporto站，最便捷的方式即是搭乘地鐵前往市區目的地。若是行李較多的話，機場巴士(Aerobus)也是一個舒適的交通方式，詳細停靠站請見官網。另有計程車、租車、市區公車等其他交通工具可供選擇。

http 里斯本機場巴士：www.aerobus.pt

消費與購物
SHOPPING

貨幣

　　葡萄牙的貨幣為歐元(€)，紙鈔面額分為100€、50€、20€、10€，及硬幣分為2€、1€、50分(cent)、20分、10分、5分、2分及1分。紙鈔一般日常並不常使用50€以上，通常會以刷卡取代。

　　里斯本各地皆有提款機，可輕鬆取款。在店家消費時，多半只接受現金或葡國聯銀系統Multibanco及Visa國際信用卡。

物價與消費習慣

　　里斯本的一般日常消費和台灣相去不遠，很多時候比台北還來得便宜。在多數餐廳及飯店並未有給小費的成規，但視服務也可留些零錢。

　　里斯本人消費大半是刷卡，許多公司的員工午餐也都會使用他們的午餐聯銀卡，也有葡國聯銀的APP「MB Way」取代銀行卡更加方便，現金在消費上使用的比例愈來愈小，也因而常會出現現金大鈔找不開的情形。

購物季

　　1月和8月分別是葡萄牙冬季及夏季的打折月，折扣常可以低至5折以下。

　　除此之外，2月的情人節、11月的Black Friday、12月聖誕節，也都是購物、撿便宜的好時節。

薩爾達尼亞中庭百貨

退稅資訊

　　只要是非歐盟居民，單筆帳單達61€、商品未使用的狀態下即可退稅，且葡萄牙為歐盟離境國即可在葡萄牙辦理退稅。

　　需要注意的是，購物時需確認店家有免稅服務，在購買當時就必須填寫免稅表單。里斯本店家常見的免稅服務中介為Global Blue及Premier Tax Free。

　　機場check-in時，免稅商品可選擇手提或是托運，需先告知地勤服務人員，再連同護照、登機證、購買證明及未開封的商品即可前往海關辦理退稅。里斯本機場更有自助退稅機(e-Tax Free Portugal)，會有專人引導使用，可省下不少排隊時間。

日 常 生 活 資 訊
LIVING INFORMATION

時差

夏令時間晚台灣7小時。

冬令時間晚台灣8小時。

每年的3月及10月的最後一個星期日會進行時間調整，但歐洲議會決議在2021年停止所有國家的日光節約時間調整，屆時葡萄牙會決定採取夏令或冬令時間做為之後的標準。

電話

葡萄牙國碼351，台灣撥打國際電話至葡萄牙方式為＋或00，接著按國碼351，再接2(市話)或9(手機)起頭的9碼電話號碼。在葡萄牙撥打葡萄牙國內電話，直接撥打2或9起頭的9碼號碼即可。

反之從葡萄牙打回台灣室話，同樣先按＋或00，接著按台灣國碼886，再接區域號碼(去首碼0)，再加室內電話號碼。若是打手機，則是在國碼886後，再接手機號碼(去首碼0)。

網路

推薦葡萄牙三大電信龍頭MEO、NOS及Vodafone發行的短期電話或網路卡，針對旅客設計不同天數、不同流量的方案，整體來說，以15天網路流量30G的SIM卡價格三者幾乎一樣約15€，多數人會選擇機場就有門市可以取卡的Vodafone，但若是班機到達時間已是機場門市下班時間(門市時間08:00～22:00)，則也可以依行程考慮另外兩家電信公司。

另外，Vodafone在機場有兩個門市，若是抵達大廳的1樓門市排隊人潮太多，可

從台灣打電話至葡萄牙

撥號對象	國際電話碼＋	葡萄牙國碼＋	區域號碼＋	電話號碼
市話	＋或00	351	2 起頭	XXX XXX XXX (9碼)
手機	＋或00	351	9 起頭	XXX XXX XXX (9碼)

從葡萄牙打電話至台灣

撥號對象	國際電話碼＋	台灣國碼＋	區域號碼＋	電話號碼
市話	＋或00	886	2 (台北，去首碼0)	XXX XXXX (7或8碼)
手機	00	886	- (去首碼0)	XXX XXX XXX (9碼)

在葡萄牙撥打葡萄牙國內電話

撥號對象	區域號碼＋	電話號碼
市話	2 起頭	XXX XXX XXX (9碼)
手機	9 起頭	XXX XXX XXX (9碼)

Travel Information

以試試到2樓出發大廳的門市。

http Vodafone：www.vodafone.pt
http MEO：www.meo.pt
http NOS：www.nos.pt

電壓

電壓220V，50Hz，插座多為圓型內嵌的雙圓孔。

常見插座與插頭

急難救助

■葡萄牙警察觀光分隊

Polícia de Segurança Pública (PSP) Esquadra de Turismo

☎ (+351)213 421 634 / (+351)213 421 623
✉ Palácio Foz, 1250-187 Lisboa

■台灣駐葡萄牙代表處

☎ (+351)21-315-1279 ， (+351)962 735 481
✉ Av. da Liberdade 200, 1250-147 Lisboa
http www.roc-taiwan.org/pt

■台灣外交部急難救助

☎ +886 800 085 095
http www.boca.gov.tw

實用網站

・里斯本官方旅遊
http www.visitlisboa.com
・葡萄牙官方旅遊
http www.visitportugal.com
・辛特拉景點官方網站
http www.parquesdesintra.pt
・埃孚拉市政府
http www.cm-evora.pt
・歐畢杜須官方旅遊
http www.obidos.pt
・大里斯本交通路線查詢
http www.transporlis.pt
・葡萄牙歷史建築住宿訂房
http www.pousadas.pt
・一般訂房
http www.booking.com http www.airbnb.pt
・日出日落時間查詢
http www.sunrise-and-sunset.com

實用APP

■找餐廳

Zomato、Tripadvisor

Zomato 　　Tripadvisor

■查交通

葡萄牙國鐵路線及時刻：CP
大里斯本交通路線：Transporlis
里斯本市區交通：Carris
里斯本市區交通：Citymapper

CP 　　Transporlis

Carris 　　Citymapper

當地標誌

葡萄牙絕大多數的標誌都與國際接軌，交通號誌亦和台灣相去不遠，讀者不必太過擔心。以下列出幾個特有的標誌：

Saída

即是「出口」或「逃生口」之意。

Wi-Fi Grátis

即是「免費Wi-Fi」之意，當看到任何有「Grátis」或「Gratuito」字眼的產品或服務，別客氣儘管開口詢問，可免費使用。

Atenção, Linces-ibéricos！

注意！有瀕危動物伊比利林曳出沒，請放慢車速。

這是在2014年底才設立的交通警告標示，伊比利林曳，是伊比利半島特有的貓科動物，目前是瀕危動物，整個伊比利半島只有幾百隻。在葡萄牙東南部跟南部地區的主要國道上會看到這個標誌。

Via Verde收費標示

葡萄牙的ETC電子收費系統，除了高速公路收費站外，許多停車場也設有此收費系統。自駕遊者建議租用此裝置，會更便捷。

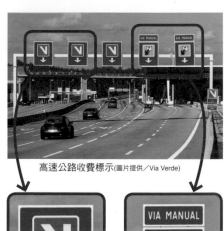

停車場收費標示(圖片提供／Via Verde)

高速公路收費標示(圖片提供／Via Verde)

裝有Via Verde裝置可行車道

手動取票車道

Ida ／ Volta 去程／回程	**Entrada ／ Saída** 入口／出口
Empurrar ／ Puxar 推／拉	**Metro** 地鐵
Estação de comboio 火車站	**Estação de autocarro** 公車站
Casa de banho 洗手間	**Posto de Turismo** 遊客中心
Esquadra de Polícia 警察局	**Correios** 郵局
Sim. 對 (是)。	**Não.** 不對 (否)。
Obrigado(a). 謝謝。	**Olá.** 你好。
Bom dia. 早安。	**Boa tarde.** 午安。
Boa noite. 晚安。	**Com licença.** 不好意思。
Desculpe. 抱歉。	**A conta, se faz favor.** 請結帳。
Tem Wi-Fi, se faz favor? 請問有 Wi-Fi 嗎？	**Fique com o troco.** 不用找了。
Cima ／ Baixo ／ Esquerda ／ Direita 上／下／左／右	**Quanto custa isso, se faz favor?** 請問這個多少錢？
Onde é a casa de banho, se faz favor? 請問洗手間在哪裡？	**Sou de Taiwan, a ilha Formosa.** 我來自台灣，福爾摩沙島。
Gosto muito de Portugal. 我非常喜歡葡萄牙。	**Adeus.** 再見。

個 人 旅 行 *115*

里斯本
附：辛特拉、卡須凱須、什突堡半島、馬孚勒、埃孚拉、歐畢杜須

作　　　者	黃詩雯Sharon	
總 編 輯	張芳玲	
發想企劃	taiya旅遊研究室	
編輯部主任	張焙宜	
企畫編輯	翁湘惟	
主責編輯	劉怡靜	
封面設計	林惠群	
美術設計	林惠群	
地圖繪製	林惠群	

國家圖書館出版品預行編目資料

里斯本／黃詩雯作. -- 初版. -- 臺北
市：太雅, 2020.03
面；公分. -- (個人旅行；115)
ISBN 978-986-336-377-4(平裝)

1.自助旅行　　　2.葡萄牙里斯本
746.2719　　　　　　　108022907

太雅出版社
TEL：(02)2882-0755　FAX：(02)2882-1500
E-MAIL：taiya@morningstar.com.tw
郵政信箱：台北市郵政53-1291號信箱
太雅網址：http://taiya.morningstar.com.tw
購書網址：http://www.morningstar.com.tw
讀者專線：(02)2367-2044、(02)2367-2047

出 版 者　太雅出版有限公司
　　　　　台北市11167劍潭路13號2樓
　　　　　行政院新聞局局版台業字第五〇〇四號

總 經 銷　知己圖書股份有限公司
　　　　　106台北市辛亥路一段30號9樓
　　　　　TEL：(02)2367-2044／2367-2047　FAX：(02)2363-5741
　　　　　網路書店：http://www.morningstar.com.tw
　　　　　郵政劃撥：15060393 (知己圖書股份有限公司)

法律顧問　陳思成律師

印　　刷　上好印刷股份有限公司　TEL：(04)2315-0280
裝　　訂　大和精緻製訂股份有限公司　TEL：(04)2311-0221

初　　版　西元2020年03月01日
定　　價　390元
(本書如有破損或缺頁，退換書請寄至：台中市工業30路1號 太雅出版倉儲部收)

ISBN　ISBN 978-986-336-377-4
Published by TAIYA Publishing Co.,Ltd.
Printed in Taiwan

編輯室：本書內容為作者實地採訪的資料，書本發行後，開放時間、服務內容、票價費用、商店餐廳營業狀況等，均有變動的可能，建議讀者多利用書中的網址查詢最新的資訊，也歡迎實地旅行或是當地居住的讀者，不吝提供最新資訊，以幫助我們下一次的增修。聯絡信箱：taiya@morningstar.com.tw

填線上回函，送 "好禮"

感謝你購買太雅旅遊書籍！填寫線上讀者回函，
好康多多，並可收到太雅電子報、新書及講座資訊。

好康 **1**

好康 **2**

每單數月抽10位，送珍藏版「祝福徽章」

方法：掃QR Code，填寫線上讀者回函，
就有機會獲得珍藏版祝福徽章一份。

填修訂情報，就送精選「好書一本」

方法：填寫線上讀者回函，並提供使用本
書後的修訂情報，經查證無誤，就送太雅
精選好書一本 (書單詳見回函網站)。

＊同時享有「好康1」的抽獎機會

里斯本

http://bit.ly/2ENfl1l

＊「好康1」及「好康2」的獲獎名單，我們會
於每單數月的10日公布於太雅部落格與太
雅愛看書粉絲團。

＊活動內容請依回函網站爲準。太雅出版社保
留活動修改、變更、終止之權利。

太雅部落格 http://taiya.morningstar.com.tw

有行動力的旅行，從太雅出版社開始

太雅 23 週年慶

發票登錄抽大獎

首獎 澳洲Pacsafe旅遊防盜背包

凡於 **2020/1/1～5/31** 期間購買太雅旅遊書籍(不限品項及數量)
上網登錄發票，即可參加抽獎。

首獎
澳洲Pacsafe旅遊防盜背包 (28L)

RFID晶片
防側錄口袋

專利防盜鎖扣

2名　市價5880元

普獎
BASEUS防摔觸控靈敏之
手機防水袋

顏色
隨機出貨

50名

掃我進入活動頁面
或網址連結 https://reurl.cc/1Q86aD
活動時間：2020/01/01～2020/05/31
發票登入截止時間：2020/05/31 23:59
中獎名單公布日：2020/6/15

活動辦法
- 於活動期間內，購買太雅旅遊書籍(不限品項及數量)，憑該筆購買發票至太雅23周年活動網頁，填寫個人真實資料，並將購買發票和購買明細拍照上傳，即可參加抽獎。
- 每張發票號碼限登錄乙次，並獲得1次抽獎機會。
- 參與本抽獎之發票須為正本(不得為手開式發票)，且照片中的發票須可清楚辨識購買之太雅旅遊書，確實符合本活動設定之活動期間內，方可參加。
- 若發票存於電子載具，請務必於購買商品時，告知店家印出紙本發票及明細，以便拍照上傳。

※ 主辦單位擁有活動最終決定權，如有變更，將公布於活動網頁、太雅部落格及「太雅愛看書」粉絲專頁，恕不另行通知。